U0933490

珍藏本
纪念版

汉译世界学术名著丛书

论货币和贸易

兼向国家供应货币的建议

〔英〕约翰·罗 著

朱泱 译

2017年·北京

John Law

MONEY AND TRADE CONSIDERED WITH A PROPOSAL FOR SUPPLYING THE NATION WITH MONEY

Augustus M. Kelley Publishers New York 1966

根据纽约 A. M. 凯利出版社 1966 年版译出

汉译世界学术名著丛书
（120 年纪念版·珍藏本）
出 版 说 明

2017 年 2 月 11 日，商务印书馆迎来 120 岁的生日。120 年前，商务印书馆前贤怀揣文化救国的理想，抱持“昌明教育，开启民智”的使命，立足本土，放眼寰宇，以出版为津梁，沟通中西，为中国、为世界提供最富智慧的思想文化成果。无论世事白云苍狗，潮流左右激荡，甚至战火硝烟弥漫，始终践行学术报国之志，无改初心。

迻译世界各国学术名著，即其一端。早在 20 世纪初年便出版《原富》《天演论》等影响至今的代表性著作，1950 年代后更致力于外国哲学和社会科学经典的译介，及至 1980 年代，辑为“汉译世界学术名著丛书”，汇涓为流，蔚为大观。丛书自 1981 年开始出版，历时三十余年，迄今已推出七百种，是我国现代出版史上规模最大、最为重要的学术翻译工程。

丛书所选之书，立场观点不囿于一派，学科领域不限于一门，皆为文明开启以来，各时代、各国家、各民族的思想与文化精粹，代表着人类已经到达过的精神境界。丛书系统译介世界学术经典，引领时代思想，为本土原创学术的发展提供丰富的文化滋养，为推动中国现代学术和现代化进程做出了突出的贡献。

为纪念商务印书馆成立120周年，我们整体推出“汉译世界学术名著丛书”120年纪念版的珍藏本，寄望既利于文化积累，又便于研读查考，同时向长期支持丛书出版的译者、编者和读者致以敬意。

两甲子后的今天，商务印书馆又站在了一个新的历史时间节点上。我们不仅要铭记先辈的身影和足迹，更须让我们的步伐充满新的时代精神。这是商务人代代相传的事业，更是与国家和民族的命运始终紧密相连的事业。我们责无旁贷，必须做好我们这代人的传承与创造，让我们的努力和成果不仅凝聚成民族文化的记忆，还能成为后来人可以接续的事业。唯此，才能不负前贤，无愧来者。

商务印书馆编辑部

2017年10月

评约翰·罗的经济思想

胡　企　林

约翰·罗(1671—1729 年)是 18 世纪英国资产阶级经济学家和财政金融家,信用创造论的创始者。生于苏格兰首都爱丁堡一个珠宝商兼高利贷者的家庭。20 岁时去伦敦,与金融界人士过从甚密。1694 年在决斗中击毙对手,被判死刑,旋即逃往荷兰,充任英国外交使节秘书,潜心研究当时欧洲规模最大、实力最雄厚的阿姆斯特丹银行。1699 年以后周游法、意各重要城市,1704 年回到苏格兰。1705 年在爱丁堡出版小册子《论货币和贸易——兼向国家供应货币的建议》,即本书,向苏格兰议会提出创办银行的建议,未被采纳。1708—1715 年流浪于欧陆各国。1716 年,在法国摄政王奥尔良·菲力浦公爵的支持下,在法国设立"通用银行"(两年以后改组为"皇家银行"),滥发以纸币形式出现的银行券。1717 年又创立"西方公司",对北美密西西比等广大区域推行殖民计划。1719—1720 年出任法国财政大臣。1720 年,"罗氏制度"由于公司股票投机和银行券挤兑而破产。

《论货币和贸易》是约翰·罗的主要著作。除此书外,他还著有《关于货币的考察》、《论数字和商业》等书,对货币和信用等问题

也有所论列。1934年，巴黎曾出版《约翰·罗全集》。

约翰·罗撰写《论货币和贸易》一书的直接目的是为了解决苏格兰当时面临的财政经济问题，按照他的说法，就是想通过实行他的建议来“克服国家因极度缺乏货币所遇到的困难”（第1页[①]）。但在分析和说明这些问题时，或者说，在为自己提出的建议进行论证时，他也发表了对政治经济学具有一定影响的一些思想观点。

（一）

在本书第一章，约翰·罗首先论述了价值问题。他说：“商品因为被使用而具有价值”（第1页）。这就是说，决定价值的不是生产商品所需要的社会必要劳动，而是商品的效用或使用价值，或者说，是人们在消费物品时所感受的满足。这种价值论显然是一种庸俗的效用论。

约翰·罗又以水和钻石为例，断言商品价值的大小“取决于相对于需求的商品数量的多寡”（第1页）。水供过于求，钻石供不应求，因而前者价值小而后者价值大。在这里，他又认为供求决定价值。这种价值论显然是一种庸俗的供求论。

约翰·罗的价值论是效用论和供求论的混合物。它对后来的主观价值论，包括奥地利学派的效用价值理论，起了一定的先驱作用。

① 指本书即《论货币和贸易》中译本页码，以下所引均同此，不另详注。

（二）

接着，约翰·罗展开了对货币问题的论述，其主要观点可以归结为如下几点。

一、在研究货币的性质时，约翰·罗提出了“白银作为一种金属和其他商品一样”（第 3 页）的论点。当时以白银为材料的金属货币是苏格兰的主要货币。约翰·罗的说法表明，他已认识到货币（白银）是商品。

二、在论述货币的价值问题时，约翰·罗批判了洛克关于货币只具有假想的价值的论断，肯定了货币具有价值。

洛克反对重商主义者的唯有金银才具有真正价值的论断，断言金银只有一种假想的或习惯的价值。这是从一个极端走向另一个极端，尽管它在当时的历史条件下具有反对重商主义的积极意义，但这种提法本身同重商主义者的论断一样也是错误的。

同洛克的论断相反，约翰·罗承认货币有价值。他说：“白银之所以被当作货币，是因为它具有价值。”（第 6 页）“增加货币可以增加国家拥有的价值。”（第 8 页）他认为，所谓“人们的一致同意，赋予了白银以假想的价值”，实际上既不存在，也行不通。他说：“我想象不出来，不同的国家怎么会同意赋予某种东西（例如白银）以假想的价值，用它来表示所有其他商品的价值；想象不出来怎么会接受这种与所交换的东西价值不等的东西；想象不出来假想的价值怎么能保持下去。”（第 5 页）他举例说，法国的克朗、苏格兰的便士、荷兰的斯泰弗各有其不同的价值，不可能在“假想的价值”的假设下相等，在一定的意义上，约翰·罗的这种说法是正确的。

三、约翰·罗虽然认识到货币是商品，并且认定货币具有价值，但是他并不懂得货币的价值究竟是什么。他在批判洛克的错误论断时说："白银在物物交换中的价值是根据其作为金属的用途而确定的，而且在物物交换中是根据这一价值而被当作货币的。白银被专门当作货币以后，增加了它的价值。"（第6页）换句话说，白银是按照它具有的使用价值进行交换的，而由于它作为货币的使命，又取得了一个追加价值。这种说法表明，在约翰·罗看来，同其他商品一样，货币之所以具有价值，是因为用作货币材料的白银有其作为金属的用处。但货币的价值高于白银单纯作为金属时的价值，这是因为，白银作为货币"消除了物物交换的不利和不便之处，从而增加了对它的需求。它由此而增加的价值量，等于它被当作货币以后需求的增加量"（第6页）。这就是说，白银作为货币的特殊效用带来了新的需求，从而增加了它的价值，价值的增加量与需求的增加量成正比。很明显，在货币价值问题上，约翰·罗的观点也是效用论和供求论的混合物。他不懂得，货币之所以具有价值，是因为充当货币材料的白银生产时耗费了人类劳动，因此，这种价值是内在的。货币如果不具有内在价值，即凝结在货币材料贵金属中的物化的人类劳动，就根本不能进入流通过程。流通过程不能给予转化为货币的白银以任何价值，而只能赋予它以特殊的价值形式。货币在流通过程中同商品相比较时所表现的"价值"，只是它的相对价值。因此，绝不能说白银靠充当货币这种社会职能而"增加了它的价值"。马克思在评述约翰·罗在货币价值问题上的错误观点时指出："请看他本人对这个问题了解得多么

差。”[①]

四、在货币的起源问题上，约翰·罗认识到，货币的出现是由物物交换的困难所导致的。他说：“物物交换是很不方便，而且很不利的。”（第2页）因为就直接的物物交换来说，“一个想以物易物的人，并不总是能够找到这样的人，这个人正好想要他要出让的商品而又正好拥有他想要的商品”；“现在还没有办法知道各种商品之间的价值比例”（第2页）。商品通过订立用商品偿付的契约来交换也会发生困难，因为“同种商品……具有不同价值”（第2页）。我们知道，物物交换的商品，从使用价值看，必须是双方互相需要的，从价值看，双方又必须是等量的。进行物物交换时，商品难以同时具备这两个条件，这就出现了商品转让的困难。约翰·罗未能正确地区分商品的使用价值和价值，不了解商品内在的使用价值和价值的矛盾，因而未能用科学的语言来解释物物交换困难的原因。但是，他在这里实际上已经注意到从商品的使用价值和价值两个方面来说明问题，从而为这个问题的科学研究提供了有价值的思想资料。约翰·罗指出，人们使用货币就是由物物交换的这种不方便和不利引起的。这种看法是符合历史实际的；在货币史上，约翰·罗是较早提出这种观点的一个经济学家。不过，他在论述物物交换招致的损失和遇到的困难以后，立即提出人们以白银充当货币，这又表明，他并不确切了解货币产生和发展的历史。实际上，货币并非一开始都由金属承担，更不是一开始就由白银一类贵金属承担。在历史上，各个国家曾以各种各样的商品充当货

① 《马克思恩格斯全集》第23卷，第109页。

币，只是随着商品交换和冶金技术的发展，白银以至黄金才最终成为货币商品。

五、虽然约翰·罗不了解商品价值形态和货币形态的历史演变过程，一开始就以白银作为货币商品，但是他对于白银在当时的历史条件下为什么最适合充当货币却作了较好的说明："白银具有适合于当作货币的各种特征：1. 可以规定其成色；2. 易于转让；3. 两地之间白银的价值相同，或差别很小，易于运输；4. 白银体积小，耐腐蚀，保存它损失很小，费用很低；5. 易于分割，分割不会招致损失。"因此，"拥有多余商品的人，会用多余的商品来换取白银"（第 4 页）。这就是说，白银之所以充当货币，并不是由于它具有什么神秘本质，而是因为白银这种金属具有适于充当货币的各种自然属性，这种解释显然是正确的。

六、在货币的职能问题上，约翰·罗看到了货币作为价值尺度的职能。例如，他说："所谓被当作货币使用，就是用银块充当估计商品价值的尺度。"（第 3 页）"货币并不是用来换取商品的，而是用来充当商品交换的价值尺度。货币的用途是便于购买商品，因而充当货币的白银没有任何其他用处。"（第 73 页）这些话表明，约翰·罗继威廉·配第之后注意到了货币具有价值尺度这一最基本、最重要的职能。但有两点他明显地不如配第。第一，配第实际上已经懂得，货币之所以具有价值尺度的职能，是因为它本身具有价值。他曾提出土地劳动产品或谷物的货币价值要由银矿工人在同一时间内生产的白银数量来衡量。约翰·罗则如前所述没有看到货币具有内在价值，不了解货币作为价值尺度，是商品内在的价值尺度即劳动时间的必然表现形式。第二，配第已经知道货币还具有充当流通手段的职能，对有关货币的贮藏手段、支付手段职能的若干问题也提出过有价值的见解。约翰·罗则明确提出充当货币的白银除“便于购买商品”即充当价值尺度以外“没有任何其他用处”，也就是没有看到货币还具有其他职能。

这种情况，特别是后一点，必然会使约翰·罗提出错误的货币学说。货币在执行价值尺度的职能时，不需要有现实的货币。用白银来衡量各种商品的价值，并不需要有现实的白银。就是说，货币作为价值尺度，可以只是观念的或想象的货币。马克思说：“这种情况引起了种种最荒谬的学说。”[①]“商品在价格的形式上只是在观念上转化为金，金从而只是在观念上转化为货币，由于这种情况，便产生了观念的货币计量单位学说。”[②]从后面我们将评述的约翰·罗的纸币和信用货币理论中可以看出，他的学说正是如此。

七、约翰·罗的货币理论还受到重商主义思想的影响。他说：“增加货币的数量，无论雇主得利与否，都会增加国家的财富，”（第9页）“要比其他国家富强，就要比其他国家拥有更多的货币，”（第43页）但是他的重商主义观点具有自己的特点。他不只着眼于金属货币，也不只着眼于对外贸易。与后面将评述的他的纸币和信用货币理论相联系，他重视纸币更甚于白银。他提出：“国家的实力和财富，是由人口和国内外货物的储存量构成的。人口和货物的储存量依赖于贸易，而贸易又依赖于货币。”（第43页）增加流通中的货币，可以雇用更多的人，或雇用和以前人数相同的人来

① 《马克思恩格斯全集》第23卷，第114页。

② 《马克思恩格斯全集》第13卷，第66页。

于更为有利的工作，从而使农业、制造业和贸易得到发展，使国家的状况得到改善。而流通中的货币数量的增加，有赖于用白银以外的东西即纸币来充当货币。从这里可以看到，他的着眼点已超出对外贸易，而及于整个贸易。更具特点的是，他的用纸币来代替金属货币的观点使重商主义披上了新装，或者用国外学者的话来说，他使重商主义“摩登化”了。这种重商主义观点从一个侧面促成了重商主义体系的瓦解。

（三）

约翰·罗提出他的货币理论的目的，在于由此引申出他的纸币和信用货币理论，进而以这些理论为依据，论证他的创办银行的建议。

他的纸币和信用货币理论，简略地说，可以归结为如下几点：

一、约翰·罗极力强调增加货币对于国家的利益，据以论证发行纸币的必要性。他在列举英国由于缺乏货币而在贸易和国民经济方面遇到的困难以后提出，增加流通中的货币，使更多的人得到雇用或从事更有利的工作，有利于改良土地，提高土地的价值，有利于货币借贷，有利于发展国内外贸易和制造业，有利于改善各阶层人民的经济状况，也有利于增强国家维持国内秩序、抵御外敌的能力（参阅第 86 页）。但白银数量有限，用作货币就不能用于这种贵金属的其他用途；采用变动货币单位、降低货币成色、禁止货币输出等办法，也不能起到保存或增加货币的作用。因此，增加货币只能求诸银币以外的其他办法。他由此提出，“利用银行来增加货币，是迄今所采用的最好的方法”(第25页)。这里所说的货币是指信用货币，即以纸币形式出现的银行券。

二、约翰·罗断言，纸币比银币更适于充当货币。他认为，银币的价值是不稳定的，因为国家或地方政府有权改变银币的面值或成色，银币的价值也会随其供应量或需求量的变化而发生变化(参阅第44—45页)；纸币则不仅在更大程度上具有作为货币所必需的一切特性，具有银币所不具备的其他特性，如更易转手，更易运输(因而它在两地之间的价值更为接近)，更易保存，面额不同的纸币按面值互换不会使持有者受到损失，以及纸币可以加盖印记，不易伪造(参阅第68页)，而且它的供应和需求是共同增减的，二者“将永远相等”，因而它的价值比银币稳定得多，“更加适于充当衡量商品价值的尺度，更加适于充当交换商品和偿付契约的价值”(第68页)。这样，发行纸币必将为国家和国民经济带来增加货币的一切好处，即，与银币相比，它更有利于发展制造业，开展国内外贸易，大大增加国家的财富和实力。

三、约翰·罗认为，以土地这种不动产为担保品发行纸币的一种特殊银行，具有无限创造信用的能力。他说，土地是最可靠的东西，人们可以利用土地来生产用途最广、价值最大的物品，土地的用途不会像其他商品那样减少，它的供应量也不会增加，因而土地的价值远比白银一类商品稳定，人们更喜爱以土地为担保发行的纸币(他有时也把这样的纸币称为“土地货币”)。在他的眼里，同白银充当货币就具有一种追加价值一样，银行发行以土地为担保的纸币，也能获得这种追加价值。而且，由于土地的供应量要大于充当货币担保品的需要量，这样的纸币不像银币那样受白银数量的限制,可以在适当的管理下根据需求的变化大量发行,产生更多的追加价值。根据对阿姆斯特丹银行和英国一些银行信贷状况的研究,约翰·罗还进一步认为,通过银行实行信贷扩张政策,可以使国民经济具有更大的活力,使银行获得更多的收益,其利益远远大于银行所冒的风险或可能受到的损失。

信用创造的思想在他的《关于货币的考察》一书中有更为明确的表述。他说:“信用是必要的,而且也是有用的。信用量的增加与货币量的增加有同样的效果,即它同样能创造财富,繁荣商业。”又说:“通过银行进行的信用创造,在一年内增加的货币量比从事十年贸易所增加的多得多。所以法国如欲富庶,实有求助于信用的必要;不然,比之利用信用的其他列强,法国即将陷于贫弱状态。”他认为,信用之所以具有这样奇妙的作用,是因为,“只是货币充裕,就能导致繁荣;只是信用设施,就能供应充裕的货币,给经济界以最初的冲击;依靠这种冲击,就能为法国创造大量财富”。约翰·罗这种强调信用就是货币以及信用能使一国富庶的观点,是十分典型的。

(四)

基于上述理论,约翰·罗首先向苏格兰议会提出了创办国家银行的建议,并申述了由这种银行发行纸币的如下设想:“如果一块地租为 100 镑的土地价值2 000镑银币,这块土地可以通过纸币来转让,这种纸币可以分割,那么,就可以把这块土地当作2 000镑流通货币,任何接受这种纸币的人所得到的价值,就等于相同数额的银币所具有的现行价值。就这块土地而言，如果按15年的地租收益发行纸币，则这种纸币的价值就将高于白银的价值，因为1 500镑纸币将能买到价值2 000镑银币的土地。如果按25年的地租收益发行纸币，则这种纸币的价值将低于白银的价值，因为2 000镑银币将能买到价值2 500镑纸币的土地。”（第86页）他在这里提出的三种发行纸币的办法，都考虑到以银币计算的地租收益（年数有所不同），都从以土地为担保品的思想出发。而从书中有关的论述看来，为了自圆其说，他似乎倾向于采取第一种办法，即按照土地的“充足价值”，也就是根据“用银币计算的20年左右的地租收益”来发行纸币。

由于苏格兰议会没有采纳约翰·罗的建议，因此他未能在自己的故乡将其所提出的信用货币理论付诸实施。然而，十年以后他终于在法国找到了施展抱负的机会。当时法国由于在路易十四的专制统治下不断加强封建剥削，赋税繁重，特别是长期实行财政大臣柯尔培尔的一整套重商主义的经济政策，农村凋敝，工商业停滞，劳动人民极端困苦。到1715年路易十四去世时，财政经济已陷于崩溃状态，国库空虚，国家债台高筑。奥尔良·菲力浦公爵摄政后，力图通过采取新的政策措施使国家摆脱财政经济危机和国家债务，因而力排众议，重用约翰·罗，并坚决支持他实行信用货币制度。

1716年5月，约翰·罗在菲力浦公爵的支持下建立了法国第一家私人银行——通用银行，大量发行纸币，并以平价收兑金属货币，很快就使纸币充斥于整个流通领域。因为纸币可用以和便于交纳名目繁多的赋税，法国政府所采取的调整币值的措施，又使金属货币的价值变动不居并往往趋于下降，加上其他一些措施，罗氏银行的信用更日益提高，当时以金属货币兑换纸币往往还要贴水。银行还经常以低于高利贷的利率向工商企业提供大量贷款，从中获得巨大收益，并借以控制重要经济部门的业务活动。

在罗氏制度所获得的上述初步成功的激励下，约翰·罗实行了进一步的“变革”。1717 年年底，他利用银行信用制度创办了一家规模宏大的股份公司——西方公司，致力开发当时属于法国的密西西比流域的谷地，垄断法国在加拿大的贸易活动。随着业务的开展，这家公司不断增发股票，在交易所大量流通。由于它充分利用了法国政府授予的各种特许权和专卖权，以优惠条件承包了法国的各项赋税，并吞了营业不振的几家法国殖民地公司，特别是与罗氏银行(1719 年通用银行改为国有，更名为皇家银行)实行联合，增大了资本的声势和经营的灵活性，因而公司得以不断地扩大业务，很快发展成为巨大的垄断组织，利润从而股票价格都大幅度提高。公司股票成了投机者最重要的争夺对象。罗氏制度由此获得了较大成功，约翰·罗本人也取得了财政大臣的“桂冠”。

然而，信用制度所固有的赌博欺诈性质随同其所取得的成功而愈益显露，在约翰·罗最得意的时刻可谓暴露无遗。由于罗氏制度的实行，法国出现了荒诞的金融投机狂飙时期，投机取巧、买空卖空、转眼间的暴发与破落等等成为司空见惯的现象。在虚假繁荣登峰造极，弄得人们眼花缭乱、神魂颠倒的时刻，10 张公司股票竟值 14—15 公担白银！为了维持股票的高昂价格，罗氏银行不得不持续不断地增发为数巨大的纸币。为了协助公司履行承担巨额国债的承诺，它又必须印发更多的纸币。约翰·罗采取的以 9 000利弗尔的高价收购 500 利弗尔一股的股票的措施，掀起了更大的投机狂热,更使纸币的发行有增无已。为期不久,疯狂的金融投机所孕育的极大危险就化为现实。在纸币流通规律和当时的各种社会经济因素的作用下,巨额纸币不可避免地流回银行,导致了兑现的困难,从而引起纸币严重贬值,物价飞涨;而约翰·罗所作出的纸币折半兑现的规定,更使银行信用一落千丈,激起了无法应付的剧烈的挤兑风潮,转瞬间纸币就变得分文不值。1720 年 11 月起纸币已不再是合法的支付手段。罗氏银行倒闭,罗记西方公司受到清理,罗氏制度随之完全破产。

(五)

约翰·罗的纸币和信用货币理论是在前人的思想基础上发展起来的。1650 年,威廉·波特就在《商人的珠宝,或增进贸易的安全、便利、迅速和有效方法……用票据来代替货币流通》一书中,提出了发行以土地和其他财产为担保的票据的设想。约翰·罗的同时代人、苏格兰商人威廉·佩特森(1658—1719 年)又提出了建立纸币发行银行的计划,主张这种银行除以黄金为担保发行纸币外,还可在一定的限额内发行以政府证券为担保的纸币。这个计划导致了 1694 年英格兰银行的设立,佩特森也成为这家银行的创办人之一。[①] 英格兰银行通过贷款给政府,获得了货币发行权,并在业务上取得了相当大的成功,为约翰·罗提出自己的理论和主张直

① 参阅埃德蒙·惠特克:《经济思想流派》,上海人民出版社 1974 年版,第 59 页。

接提供了思想资料。马克思说，佩特森“真可以称为罗一世”[①]。

同一切形式的信用创造说一样，约翰·罗的纸币和信用货币理论在理论上是站不住脚的。按照他的逻辑，货币就是财富，而以土地为担保发行的、具有稳定价值的纸币是优越于银币的理想货币；纸币作为一种由银行发行就能提供充裕信用的货币，导致经济繁荣，国家富强；因此，信用就是货币，就是资本，银行发行纸币，提供信用，就是创造货币、资本和财富。在这里，约翰·罗显然混同了纸币和货币，混同了信用货币和货币，也混同了信用和资本。这是同他在货币的本质和职能等问题上的认识的错误和不足分不开的。

约翰·罗不了解，尽管货币作为价值尺度，不需要有现实的货币，它可以只是观念的货币(但执行价值尺度职能的货币仍然具有非常实在的客观基础，即物化在货币材料中的劳动时间)，然而它作为流通手段和支付手段，则必须是真实的或足值的货币。流通手段的数量首先决定于货币本身的价值，也就是说，它不能脱离作为货币材料的贵金属的基础。纸币作为价值符号，虽然可以在国家的强制下代替银币执行流通手段的职能。本身不需要具有价值，但是按照流通中所必需的金属货币量决定纸币流通量的规律，纸币的发行数量只能“限于它象征性地代表的金(或银)的实际流通的数量”[②]，超出这个数量就会引起通货贬值或通货膨胀。因此，绝不能说纸币这种“小纸片”的任何增加都是国家财富或实际价值的增加，也不能设想，纸币一旦代替银币在市面上流通，它就能抛

① 《马克思恩格斯全集》第25卷，第682页。

② 《马克思恩格斯全集》第23卷，第147页。

弃贵金属的基础。约翰·罗只看到货币作为价值尺度的职能，而对货币作为流通手段的职能则缺乏正确了解，这种情况在一定程度上造成了他对当时以纸币形式出现的信用货币的错误认识。

我们知道，货币是充当一般等价物的特殊商品，它的本质和作用使它在经济生活中具有价值尺度、流通手段、贮藏手段、支付手段和世界货币五种职能；信用货币则是作为金属货币符号在市场上充当流通手段和支付手段的信用证券，它仅仅在一定范围内（一般地说，它只能在国内流通）执行流通手段和支付手段的一部分职能，因此，它并不就是货币。在资本主义条件下，信用只是借贷资本（资本的一种形态）的运动形式，就银行而言，它虽然可以为银行带来一定量的剩余价值（利息），但它不像资本那样具有真实的价值额，只是虚拟的借贷资本或虚拟的生息资本，因而，也不能将信用等同于资本。银行信用的规模取决于资本主义再生产的客观条件，不是由银行随意决定的，任何信用或信贷都不能代替扩大生产所必需的劳动力资源和物质资源。所以，约翰·罗认为银行以纸币形式发行信用货币，扩大信贷，就能增加货币，创造资本，从而扩大就业和增加财富，这种说法是缺乏科学根据的。

马克思一针见血地指出了约翰·罗的理论和政策主张的实质："实际上，纸蝴蝶，即单纯的货币符号，在公众中飞舞，并不是为了'抛弃'贵金属的基础，而是为了把它从公众的钱袋诱入空虚的国库里去。"[①]这就是说，在以土地为担保的名义下，把不可兑换的"货币符号"（无论是纸币还是银行券）大量地投入流通，首先是对

① 《马克思恩格斯全集》第20卷，第257页。

广大公众设置的财政骗局。

这种骗局反映了信用制度所固有的一种性质，即助长投机、冒险、欺诈和并吞活动，“把资本主义生产的动力——用剥削别人劳动的办法来发财致富——发展成为最纯粹最巨大的赌博欺诈制度，并且使剥削社会财富的少数人的人数越来越少”[①]。这种性质在当时由于英国和大陆的铁路系统的发展和信用业务的初步开展而产生的投机中已经明显地表现出来，而在前已论述的罗氏制度在法国的实践中更得到充分的证明。

但是，约翰·罗凭借他对各国银行制度的研究和敏锐的嗅觉，对信用在经济中的作用也有所察觉。信用制度的建立和发展，扩大了货币作为支付手段的职能。信用货币的产生，确实使资本主义社会在一定程度上克服了在流通中金银铸币的束缚，加速了资本的集中和联合，加速了生产力的物质上的发展和世界市场的形成，使这二者作为新生产形式的物质基础发展到一定的高度。因此，信用制度又是转到一种新生产方式的过渡形式。这也是它所固有的一种性质。虽然约翰·罗对此没有这样明确的认识，而且由于他主要在流通领域寻求经济发展的动力，他在这个问题上的理解存在着很大的局限性，然而他毕竟对信用制度的作用作了初步的探讨，并对这一制度的未来发展作了一定的预示。

据此，马克思对约翰·罗等信用的主要宣扬者作出了这样的评价：“既是骗子，又是预言家。”[②]

---

① 《马克思恩格斯全集》第 25 卷，第 499 页。

② 同上。

（六）

罗氏制度虽已完全破产，但是它所包含的理论观点、政策主张及其实践经验（无论是成功的还是失败的）仍然持久地受到各方面的重视，并对资产阶级经济理论特别是古典政治经济学（主要是重农主义）产生过一定的直接或间接的影响和作用。

古典经济学派一般都对罗氏制度持批判态度。英国古典经济学在抨击重商主义的理论和政策时往往联系批判约翰·罗的经济思想中的重商主义因素，对于他的信用货币理论，例如信用创造资本的观点，一般也作为一种危险而有害的邪说加以摈弃。这种批判促进了理论研究从流通领域转入生产领域的过程。在这个意义上，可以说约翰·罗的理论从一个侧面或反面影响了英国古典政治经济学。然而，古典经济学派并未完全否定约翰·罗。它的伟大代表亚当·斯密十分重视罗氏制度，他在自己的主要著作《国民财富的性质和原因的研究》以及关于法律、警察、岁入及军备的演讲中，都曾认真研究"罗氏计划"，并在批判这一"计划"的同时对它有所肯定。例如他说，"罗的计划绝不是卑鄙龌龊的计划"[①]，如果它在法国实行到一定的程度就打住，约翰·罗"也许还有力量履行一切的义务。但他以后所作的措施，使全局归于失败"[②]。对于约翰·罗的信用货币理论中的若干观点，斯密也有保留地加以接受。

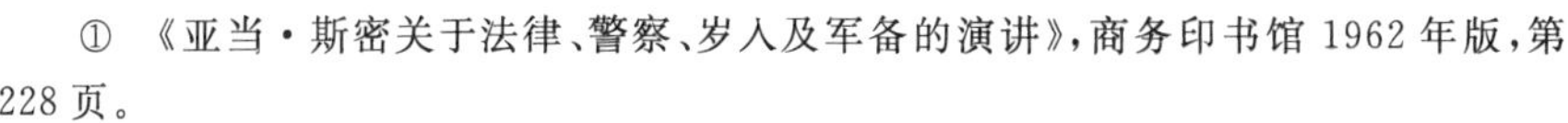

① 《亚当·斯密关于法律、警察、岁入及军备的演讲》，商务印书馆 1962 年版，第 228 页。

② 同上书，第 226 页。

斯密曾以形象的语言说，纸币可以使金币、银币这种“通衢大道”化为良好的牧场和稻田，从而大大增加土地和劳动的年产品。[①] 不过，约翰·罗的失败使斯密对纸币的大量发行心存疑虑，因而他又说：“和足踏金银铺成的实地相比，这样由纸币的飞翼飘然吊在半空，是危险得多的。管理纸币，若不甚熟练，不用说了，即使熟练慎重，恐仍会发生无法制止的灾祸。”[②]

特别重要的是，罗氏制度的破产对重农主义的产生所起的重大作用。17 世纪下半叶法国实行柯尔培尔的牺牲农业扶植工商业的重商主义政策，使农业生产受到极大破坏，农民生活困苦不堪，国家财政也濒于绝境，这种情况导致了重农主义的先驱者如布阿吉尔贝尔、沃邦元帅和达让逊侯爵等人起而抨击重商主义政策，提出重视和发展农业的经济思想。而 18 世纪 20 年代法国实行的约翰·罗的信用货币制度的破产，更促进了这种经济思想的发展。重农学派的代表人物魁奈等人看到，同重商主义政策一样，罗氏制度非但不能克服，反而加深了法国面临的财政经济危机；由于罗氏制度的实行而发展起来的疯狂的金融证券投机，造成了严重的通货膨胀，使整个法国陷于混乱状态，只有土地这种不动产似乎没有由此受到损害。[③] 这种历史情况，加上在小农经济分化、技术进步等历史条件（实际上也包括信用制度的作用）下农业企业即资本主

---

① 《国民财富的性质和原因的研究》上卷，商务印书馆 1972 年版，第 295 页。

② 同上。

③ 阿·布朗基在《欧洲政治经济学从古代到现代的历史》（1839 年）一书中这样说：在罗氏制度的“狂热气氛中猛长起来的一切价值，除了毁灭、荒芜、破产之外，毫无所留。唯独土地所有权在这次风暴中未受损伤”。

义大农业有所增长和发展，更加坚定了魁奈等人的信念，引起了重农主义思想的广泛传播，从而促进了重农学派的形成。因此马克思说："重农主义的产生，既同反对柯尔培尔主义有关系，又特别同罗氏制度的破产有关系。"[①]

在19世纪，约翰·罗的经济思想对一些社会主义流派也曾发生影响。波拿巴社会主义的创始人艾米尔·贝列拉和伊萨克·贝列拉都是"透过圣西门认出罗"[②]的。法国小资产阶级社会主义者、历史学家路易·勃朗在其重要著作《法国革命史》上卷中认为，约翰·罗力求用"贫民的货币"即纸币来取代银币这类"富人的货币"，并以银行和商业垄断组织来确立社会主义的联合原则。按照他对罗氏制度的理解，他提出国家应当建立一种公有的"贫民的银行"，集中地向"国民工场"和工人生产协作社提供信贷和资金，以排除资本主义的剥削和竞争。在他的笔下，约翰·罗变成了社会主义的先驱。[③] 对此，马克思作了这样的评论："路易·勃朗把只是指国内民族货币的《money of the society》〔"社会货币"〕变成什么都不是的社会主义货币，于是也就合乎逻辑地使约翰·罗变成社会主义者。"[④]

即使在现代，约翰·罗的理论和政策主张在资产阶级经济学界也还有一定的市场或影响。凯恩斯主义者在论证他们的理论和

① 《马克思恩格斯全集》第26卷I，第35页。

② 《马克思恩格斯全集》第12卷，第31页。

③ 参阅A.阿尼金著：《科学的青春》，黑龙江人民出版社1983年版，第121页；G.柯尔：《社会主义思想史》第1卷，商务印书馆1977年版，第173、175页。

④ 《马克思恩格斯全集》第13卷，第157页。

具体建议时，在一定程度上利用了约翰·罗提出的通过信贷财政领域影响经济的思想。例如，约翰·罗的增加货币（即发行巨额纸币，其在资本主义条件下的必然后果是通货膨胀）以增加就业、克服财政经济困难的思想，在一些经济学家提出的实行不同幅度的通货膨胀以摆脱经济危机、解决失业问题的各种方案中就都有所反映。当然，约翰·罗所未能解决的问题，在现代资本主义条件下更不可能得到解决。

由上述可见，了解约翰·罗的经济思想，特别是他的信用货币理论，对于研究资产阶级经济理论的历史发展、研究现代西方经济学，都具有重要意义。

目　　录

论货币和贸易

兼向国家供应货币的建议

鄙人拟提出若干项建议，以克服国家因极度缺乏货币所遇到的困难。

作出正确的判断，是最稳妥的，最有助益的，也是最切实可行的。当务之急似乎是：(1)研究货币的性质，弄清白银何以被当作货币，而其他商品不被当作货币；(2)考察贸易，弄清货币对贸易的影响；(3)人们曾用各种不同方法来保存和增加货币，现在应对这些方法加以仔细研究。

第　一　章

商品如何被估价。论物物交换。论白银。白银作为金属所具有的价值，白银适合于用作货币的诸特性，以及白银因为被当作货币所获得的额外价值。

商品因为被使用而具有价值；商品价值的大小，与其说取决于其用处的大小或人们对它的需要程度，不如说取决于相对于需求的商品数量的多寡。例如，水有很大用处，价值却很小，因为水的数量远远大于对它的需求。钻石的用处很小,价值却很大,因为对钻石的需求远远大于钻石的数量。

同种商品往往因为质量不同而具有不同价值。例如,一匹马比另一匹马好;某一国家的大麦比另一个国家的大麦好。

商品往往因为数量的变化或需求的变化而价值发生变化。例如,如果今年燕麦的数量多于去年,而需求相同,或需求小于去年,那么燕麦的价值就将下降。

洛克先生说,商品价值取决于供给量与销售量之比。商品销售量是不能大于供给量的,而需求却可以大于供给量。例如,如果得自法国的酒的供给量为100吨,需求为500吨,那就是需求大于销售量,同需求仅仅等于销售量的情况相比,这100吨酒就将卖得较高的价格。由此可见,商品的价格并不取决于供给量与销售量之比,而是取决于供给量与需求之比。

在人们知道使用货币以前,商品是通过物物交换方式或订立契约来交换的,契约则是用商品来偿付的。

物物交换是很不方便,而且很不利的。1.一个想以物易物的人,并不总是能够找到这样的人,这个人正好想要他要出让的商品而又正好拥有他想要的商品。

2.规定用商品偿付的契约是不确定的,因为同种商品的价值是不同的。

3.现在还没有办法知道各种商品之间的价值比例。

在这种物物交换的条件下,人们很少做生意,手艺人的数目也很少。人们的一切生活用品都来自农民。农民种地只是为了满足自己一家人的需要,交换商品只是为了获得土地生产不了的产品,贮存粮食只是为了留下种子和防备灾年。多余的土地便闲置着，或予以耕种，以便对统治者表示忠诚和偿付劳役。

物物交换招致的损失和遇到的困难，迫使农民较多地消费自己生产的产品，较少地消费别人生产的产品，迫使他们在各方面尽量做到自给自足，利用土地生产自己所需要的各种商品。因此，许多土地都闲置着，被耕种的土地并未得到最有效的利用，人们的才能也未得到最充分的发挥。

最初在物物交换中，白银作为一种金属和其他商品一样，因为当时具有的用处而有一定价值。

正像同种商品的价值不一样那样，白银与白银的价值也是不同的，因为白银的成色有高有低。

白银和其他商品一样，其价值也往往由于供给量和需求的变化而发生变化。

白银具有适合于当作货币的各种特性：

1. 可以规定其成色；

2. 易于转让；

3. 两地之间白银的价值相同，或差别很小，易于运输；

4. 白银体积小，耐腐蚀，保存它损失很小，费用很低；

5. 易于分割，分割不会招致损失，分割成 4 块的 1 盎司白银和不分割的 1 盎司白银具有相同的价值。

由于白银具有这些特性，因而很自然地在它被铸成硬币以前，就被当作货币使用。所谓被当作货币使用，就是用银块充当估计商品价值的尺度，也就是把它当作交换商品所依据的价值，并用它来偿付契约。

拥有多余商品的人，会用多余的商品来换取白银，虽然他要白银并没有用处，其原因是白银质量有保证，易于转手，保存它损失很小，费用很低，而且由于白银易于分割，分割下会招致损失，各个地方白银的价值都相同，所以他可以用自己拥有的全部白银或一部分白银，在国内或国外购买所需要的其他商品。例如，假设甲有100只羊并想用这些羊来换马；乙有10匹马，10匹马的价值正好等于100只羊的价值，而且他愿意交换。但由于甲目前并不需要马，而且不愿花钱饲养马，所以他会用羊同丙换取白银，因为在需要的时候，他可以用白银购买马。

如果丙没有白银，但同意订立契约，在甲需要的时候提供白银或马，那么甲就会宁愿订立用白银偿付的契约，而不愿订立用马匹偿付的契约，因为白银的质量是有保证的，而马的质量则差别很大。因而，白银被用来当作偿付契约的价值。

同样，白银由于质量有保证，还被用来当作表示商品价值的尺度。例如，如果甲有100磅铅，想用它换取大麦，那么要想知道多少大麦的价值相当于100磅铅的价值，就要用白银来当尺度。如果100磅铅等于5盎司纯银，5盎司纯银等于20博尔[①]大麦，则100磅铅就能换到20博尔大麦。

因为白银易于运输，不同地方的白银价值相同，所以用它作为尺度，表示不同交货地点的商品的价值。举例来说，假设格拉斯哥的商人甲根据阿伯丁的商人乙的订货将在格拉斯哥提供一桶酒，而乙根据甲的订货将在阿伯丁用燕麦偿付那一桶酒。在这种情况

① 苏格兰和英格兰北部的古容量单位，相当于二至六蒲式耳不等。——译者

下，酒的价值是不能用酒在格拉斯哥所能换得的燕麦的数量来表示的，燕麦的价值也不能用燕麦在阿伯丁所能换得的酒的数量来表示。在两个不同地方之间，不论是酒还是燕麦，质量都会有差别，价值也会有高有低。要知道多少燕麦等于一桶酒，就要知道这两种货币各自在自己的交货地点值多少白银。如果一桶酒在格拉斯哥值 20 盎司纯银，20 盎司纯银在阿伯丁值 50 蒲式耳燕麦，那么一桶酒就应该换得 50 蒲式耳燕麦。

因为白银可以打标记，所以君主为了使人们享有更大的便利，就建立起造币厂，使铸造出来的白银符合一定的标准，并在上面打上印记。人们因此而不用称量也不用熔化，就可以知道白银的重量和成色；而所加的印记丝毫也不增加白银的价值。

由于以上原因，白银便被当作货币来使用。白银被铸成硬币，只是因为银块在这以前就被当作货币，虽然银块不如银币那么方便。

洛克先生和其他论述过这个问题的人说，人们的一致同意，赋予了白银以假想的价值，因为白银具有适合于当作货币的诸特性。

我想象不出来，不同的国家怎么会同意赋予某种东西（例如白银）以假想的价值，用它来表示所有其他商品的价值；想象不出来某一国家怎么会接受这种与所交换的东西价值不等的东西；想象不出来假想的价值怎么能保持下去。不过，让我们假设，法国同意白银具有某种假想的价值，其他国家仿效法国也同意白银具有这种价值，那么，在法国流通的相当于 76 个苏的克朗，在苏格兰就会相当于 76 便士，在荷兰就会相当于 76 个斯泰弗。但事实上，甚至在铸造克朗的法国，它也仅仅值 60 个苏。

实际情况应该是这样的：当初，白银在物物交换中的价值是根据其作为金属的用处而确定的，而且在物物交换中是根据这一价值而被当作货币的。白银被专门当作货币以后，增加了它的价值，因为作为货币它消除了物物交换的不利和不便之处，从而增加了对它的需求。它由此而增加的价值量，等于它被当作货币以后需求的增加量。

这种增加的价值并不是假想的，它和白银作为金属所具有的那种价值是一样的。白银作为金属之所以具有价值，是因为它有用处，这种价值的大小，取决于相对供给量而言，对作为金属的白银的需求量。白银被当作货币以后增加的价值，来自于它适合当作货币的诸特性，价值增加多少，取决于白银被当作货币以后需求的增加量。

如果白银的这两种价值是假想的，那么所有其他商品的价值也都是假想的，因为无论哪种商品，其价值都来自它的用处，其价值的大小都取决于供给与需求之比。

由此可见，白银之所以被当作货币，是因为它具有价值，具有其他商品所没有的适合于当作货币的诸特性，它被铸成硬币是为了使人们得到更多的方便。

不同货币的名称也许可以用编号来表示，例如1号、2号，等等。60号也许可以作为前面提到的克朗的名称，因为货币的名称和标记不过是用来表示含银量和成色。

因此，任何其他具有同样特性的商品，也可以根据其价值的大小当作货币。虽然黄金和铜可以当作货币，但它们都没有白银那么方便。铜由于体积大而用它付款很不方便；黄金由于数量较少而不适于当作货币。但拥有大量黄金的国家把黄金当作货币，缺少黄金和白银的国家把铜当作货币。

黄金被铸成硬币是为了方便这种金属的交换，铜被铸成硬币是为了用于小额付款。但人们却把白银当作表示商品价值的尺度，把它当作交换商品所依据的价值，并用它来偿付契约。

随着货币的增加，物物交换的不利和不便之处被消除了。穷苦人和懒散人有了工作，更多的土地得到了耕种，产量不断增加，制造业和商业获得了发展，农民的生活有了改善，而且人们对农民的依赖减少了。

第 二 章

论贸易。贸易对货币的依赖程度。人口的增加依赖于贸易。论汇兑。

贸易分国内贸易和对外贸易两种。

国内贸易就是在一国的内部雇用人干活以及交换商品。

对外贸易分以下几种：

1. 出口一部分消费不掉的农产品和制造品，而把外国商品带回国。

2. 在一个港口把出口商品卖出去后，在那里装货运到另一个港口销售，由此而获得的收入要比把出口商品直接运到外国港口的收入多。

3. 从价格低的国家进口农产品和制造品，向价格高的国家出口农产品和制造品。

4. 从其他国家进口原料，加工后再出口。

5. 出租船舶。

无论是国内贸易还是对外贸易，都可以用易货方式进行，但用易货方式进行的贸易不如用货币进行的贸易多，而且也不如用货币那么方便。

国内贸易依赖于货币。货币越多，雇用的人也越多。数量有限的货币，只能雇用数量有限的人干活，而且不一定能使他们很好地干活。缺乏货币的国家可以颁布法律强迫雇主雇用穷人或懒人。好的法律可以使货币充分流通，使货币用于对国家最有利的工作。但法律不能使本来不够分配的货币变得够分配，不增加流通中的货币，使更多的人得到工资，就不能使更多的人工作。可以通过发放信贷来使较多的人工作，但这是行不通的，除非信贷也能够流通，能够向工人提供生活必需品。假设信贷能够流通，信贷也就成了货币，也就将对国内贸易和对外贸易产生影响。

增加货币可以增加国家拥有的价值。只要货币产生利息，就会被利用，而被利用的货币将带来利润，虽然利用者可能会遭受损失。举例来说，假设雇用 50 人，每天付给他们 25 先令，而他们的劳动成果仅仅等于或价值 15 先令。即使如此，国家拥有的价值也由此而有所增加。但我们有理由假设他们的劳动成果等于 40 先令。国家拥有的价值因此而增加 40 先令，其中雇主得到 15 先令，15 先令抵消工人（他们以前靠施舍过活）的消费，10 先令是超过工人的消费而付给工人的工资。

如果一英石羊毛价值 10 先令，纺成毛呢后价值 2 英镑，则毛呢具有的价值是羊毛的四倍。假设工人被雇用后消费的产品比未被雇用时多，为 2 英镑的 1/4，则国家获得的财富为一英石羊毛价值的两倍。由此可见，增加货币的数量，无论雇主得利与否，都会增加国家的财富，都会相应减少穷人或懒人，使他们生活有所改善，和其他人一起分享国家的财富。

第一种对外贸易是商品的进出口，这种贸易也依赖于货币。如果一国的人口有一半被雇用，全部农产品和制造品都被消费掉了，那么增加货币数量，从而雇用更多的人，就会生产出剩余产品供出口。如果进口商品和出口商品相抵，那么进一步增加货币数量，就可以雇用更多的人，或雇用和以前人数相同的人来干更为有利的工作，从而可以生产出更多的或价值更高的出口商品，由此而获得结欠金额。如果货币数量减少，则以前有工作的一部分人就会被解雇，或者被雇用来干利益较少的工作；在这种情况下，农产品或制造品的数量将减少或价值将降低，从而出口商品的数量将减少，外国人将获得结欠金额。

第二和第三种对外贸易，可以称为运输业。在欧洲以外的地方，这种贸易被拥有殖民地的国家所垄断，在欧洲被物价最低的国家所垄断。

苏格兰具有从事贸易活动的有利条件，其商人可以通过出售较便宜的货物挤垮荷兰商人，其原因是苏格兰的生活费用较低，赋税较少，雇用工人和水手以及为船只准备粮食等生活必需品较便宜。但如果一个荷兰商人的存货为10 000英镑，其年支出为 500 英镑，那他就可以按 10％的利润率从事贸易，每年增加存货 500 英镑。而如果一个苏格兰商人的存货为 500 英镑，其年支出为 50

英镑，则不能按10%的利润率从事贸易。

有人也许会问，如果荷兰商人仅仅有500英镑存货，他会怎样从事贸易。他将缩减其开支，直到能按10%的利润率从事贸易为止；或者，荷兰的货币较多，使用较少，借钱较容易，荷兰商人可以按3厘或4厘的利率借到更多的贷款，由此可以获得6%或7%的利润。在这种情况下，如果苏格兰不增加货币数量，不缩减开支，那我们就不能像荷兰人那样以较低的利润率从事贸易，尽管我们具有他们没有的从事贸易的有利条件，他们处于不如我们有利的地位。通过增加货币数量和缩减开支，荷兰人甚至可以挤垮英国人，垄断运输业。

第四种对外贸易是进口其他国家的原料，加工以后再输出，这种贸易也依赖于货币。在这种贸易中，我们远不是荷兰人的对手，因而尽管当初禁止出口羊毛，禁止进口制造品，但我们的羊毛仍被运往荷兰，而从荷兰进口毛呢。然而，我们除了具有前面提到的、比荷兰优越的有利于贸易的条件外，原料也产自我国，而且我国的制造商比荷兰的制造商享有更多的特权。

有人认为，假若没有废除那项不准出口羊毛、不准进口制造品的禁令，我国的制造业早就发展到很完善的地步了。

如果没有废除那项禁令，某些人从办工业中得到的好处，也许会诱使人们在货币数量减少的情况下建立更多的企业；但用来建立更多企业的钱，必然取自其他用钱方面，因为货币不能同时在两处派用场。

有人宣称，允许羊毛出口导致了货币的输出，并说有一次曾有5 000英镑运到英格兰购买羊毛。当问到这些羊毛被输出到哪个国家时，他们回答说，羊毛被运到了法国换取酒。这下问题清楚了，由于5 000英镑的英格兰羊毛在法国价值8 000到10 000英镑，因而向英格兰输送5 000英镑，使英格兰得以避免向法国运送8 000到10 000英镑。

没有全面考察过苏格兰的人也许感到奇怪，法律竟然允许羊毛出口。实际情况是，苏格兰的羊毛需要50 000人来加工，而该国能用于毛纺业的货币仅仅可以雇用2 500人，所以如果不允许羊毛出口，就将损失掉一半的羊毛。

第五种贸易，即船舶的出租，一方面依赖于货币，另一方面依赖于其他各种贸易。如果一国的船舶被外国人竞相租用，而且该国的许多货物也需要这些船只来运送，那么租用该国的船只就肯定比租用其他国家的船只便宜，而且商人们可以放心这些船只适合装运他们的货物，适合往来于他们与之做生意的国家。

这种贸易把其他国家的商品运到荷兰，尽管这些商品并不是要在荷兰销售。假设从英格兰把毛纺织品运到葡萄牙可以带来25%的利润，运到荷兰可以带来15%的利润，那么英格兰商人宁愿把毛纺织品运到荷兰获取15%的利润，而不愿把毛纺织品运到葡萄牙获取25%的利润。由于运费低廉而可以用较少的钱从事贸易的荷兰商人，将对把货物运到葡萄牙获取剩下的那10%的利润感到满足。

大多数论述过贸易问题的作家都把贸易分为国家贸易和私人贸易。他们说，商人获利，国家就会遭受损失。他们举出了这样的例子：如果向印度输出1 000英镑铸币或银块以及1 000英镑的商品或粮食，运回的商品价值8 000英镑，那么商人就获利6 000英镑;但因为这些商品全部被消费在国内,所以国家损失了输出的那1 000英镑铸币或银块。

他们没有考虑到输入的8 000英镑商品(假设全部被消费在国内)是否减少了对本国农产品或制造品的消费,从而增加了输出,至少换回了输出的那1 000英镑铸币或银块。即使没有减少对本国产品的消费,而且消费这些进口商品完全是多余的,由于这些商品在国内或国外价值8 000英镑,国家也由此而获得了6 000英镑的利润。人们过分奢侈地消费外国商品,并不是贸易的过错,也不能因此而说进行贸易是不利的;过错在政府身上,它应该阻止人们过多地消费外国商品,特别是如果消费外国商品没有增加对本国商品的消费。如果注意到这一点,同时使进口商品在国内销售比在国外销售获利少,则商人就会输出进口商品,或者将减少进口。

如果在英格兰可以卖得1 000英镑的东印度商品在其他国家仅仅值 800 英镑,那么为了鼓励出口,可以退还这些商品的进口税并给予补贴,从而使在国外销售它们比在英格兰销售更加有利可图。

一国人民消费的本国商品或外国商品,可以超过农产品、制造品和贸易利润的价值,但造成这种不利状况的并不是贸易,而是过量的消费。过多地消费本国的农产品和制造品,与过多地消费外国商品一样,是有害处的。因为,如果消费的产品过多,剩下的供出口的产品就将无法偿付消费掉的外国商品,从而出现结欠余额,不得不向外国输送货币或银块。

商人遭受损失,国家会获利,即使商人获利,国家也同样可以获利，而且获得的利润要大于工人的生活费和工资以及关税。如果被保险的船只遇险，则国家将遭受损失，而商人不损失任何东西，但如果承保人是商人，则商人将和国家遭受同样程度的损失。

正如贸易依赖于货币那样，一国人口的增减也依赖于贸易。如果人们在国内有工作做，人们就会留在国内。如果贸易额增大，人手不够用，就会从人们没有工作的地方把人吸引来。威廉·配第爵士认为一个人的价值相当于20年的工资。按照这种计算方法，如果一个水手的月工资为40先令，则他的价值就是480英镑。

苏格兰由于货币非常少，贸易很不发达。国内贸易少得可怜，国家的经济得不到发展，原料得不到加工。第一种对外贸易很少，而且所拥有的那点儿对外贸易也是在对苏格兰人很不利的条件下进行的，同其他国家相比，他们要为大多数外国商品付较高的价格，而得到的商品却不那么令人满意。即使有些外国商品较便宜，那也是由于进口税较低的缘故。在苏格兰，收购出口货支付的价格很低，商人获得的利润很多。如果在荷兰100英石羊毛价值10匹亚麻布，那么在苏格兰10匹亚麻布就可以换得180或200英石羊毛。利润不高的商品不出口，就是利润高的商品出口也不多，因为商人的存货很少。苏格兰几乎没有另外几种对外贸易，因而不能像其他国家那样较为有利地从事贸易。

有人认为，如果颁布法律来降低利息，商人就可以使用较多的钱，就可以较为有利地从事贸易，从而贸易就会得到发展。不仅这种法律本身会带来许多麻烦，而且它能否达到预期的效果，都是很值得怀疑的。当然，如果通过增加货币量来降低利率，就不会有法律带来的那许多麻烦，同时用于贸易方面的货币量会增多，商人由于借款较容易，利率较低，也就可以较为有利地从事贸易。

如果按照 6 厘的利率苏格兰的货币量等于需求量，那么，即使荷兰的利率为 3 厘，苏格兰的利率为 6 厘，也就是说，尽管两国的利率有差异，我们所具备而荷兰人不具备的有利条件，也会使我们不仅能够发展第一种对外贸易，而且还能发展其他几种对外贸易。

如果按照 6 厘的利率苏格兰的货币量等于需求量，则荷兰人将无法有利地从事鲱鱼贸易，因为苏格兰的鲱鱼贸易受到阻碍，只是由于缺少货币。在荷兰，捕捞鲱鱼的用具较便宜，而在苏格兰，为渔船装贮食物较便宜，二者因此而相互抵消了。苏格兰缺少捕鱼用具和缺少其他外国商品一样，是由于货币数量不足。只要货币充足，并非产自荷兰的捕鱼用具和其他外国商品，就会在苏格兰也以较便宜的价格出售。

所谓汇兑就是：当一个商人的出口大于进口，从而在国外有结余款项，而另一个商人由于进口大于出口而需要向国外输出货币时，后者通过向前者支付款项，一方面可以使自己省去向国外运送货币的麻烦、风险和费用，另一方面也使前者不用把货币运回国内，同时还使两者都节省了重新铸造硬币的费用。

在进口与出口以及收入与支出相等的情况下，汇兑便处于平价水平。但当一国人民的进口和其他输入项目的价值大于出口和外国人在该国的支出时，就必须运出硬币或银块，或者，欠外国钱的商人或绅士，根据人们对运出货币的麻烦、费用和风险所估计的价值，向另一个人支付一定百分比的金额，从而省去运出货币的麻烦、费用和风险。在这种情况下，汇兑便超出了平价，也就变成了一种行业。

托马斯·孟说，如果汇兑对某一国家不利，则该国便可以由此而获得利益。他举例说，假设伦敦的100镑在阿姆斯特丹只值90镑，并假设荷兰人向英国输出500 000镑货物，英国人向荷兰输出400 000镑货物，那么，在阿姆斯特丹欠英国人的款项，就将抵消在伦敦欠荷兰人的440 000镑，因而英国用60 000镑偿付差额就行了。托马斯·孟没有考虑到，汇兑处于平价时价值500 000镑的荷兰货物，当阿姆斯特丹的90镑在伦敦值100镑时，在伦敦就会价值55 555镑。而400 000镑的英国货物，在荷兰仅值360 000镑，因为这一金额通过汇兑在英国便等于400 000镑。所以，英国非但没有像托马斯·孟说的那样，由于汇兑对它不利而获得了40 000镑的利益，反而比汇兑处于平价时多支付了95 555镑。

当汇兑高于平价时，不仅要偿付所欠的差额，而且债权国的整个汇兑还会受到影响。倘若差额为20 000镑，拥有外国货币的商人与另一些欠外国人款项的商人汇兑的金额为60 000镑，则60 000镑汇票的售价就将不仅是60 000镑，而且还要加上那20 000镑的差额。

而且，非债权国的汇兑也会受到影响。举例来说，如果苏格兰与荷兰之间的汇兑不利于苏格兰，高出平价3%，而英格兰与荷兰之间的汇兑处于平价水平，那么，即使苏格兰不欠英格兰一分钱，它与英格兰的汇兑率也会上涨。其原因是，英格兰的100镑经由荷兰汇到苏格兰会变成103镑，所以，在苏格兰与英格兰之间，由于汇款的麻烦要比经由荷兰少，汇兑率就应该上涨2%。

商品是按照原始成本卖给外国人的。举例来说，倘若在苏格兰价值100镑的商品在英格兰价值130镑，则这些商品就会被输出，因为超出原价30%的价格足以偿付运费和利润。如果这些商品的价格在苏格兰由100镑降到80镑，则在英格兰的价格就不会仍是130镑，而会相应降低，因为苏格兰商人会竞相以低价抛售，或者英格兰商人将自己输出这些商品。如果这些商品的价格在苏格兰由100镑上涨到120镑，则它们在英格兰的价格也会相应上涨，除非英国人可以从其他地方以较低的价格得到同样的商品，或可以用其他商品来替代。倘若情况不是这样，则其在英格兰的价格必然上涨。

汇兑愈高于平价，出口商品的售价就愈低，进口商品的售价就愈高。举例来说，假设某一商人每年向英格兰运送6 000镑（原始成本、运费和利润之和）商品，英格兰货币和苏格兰货币具有相同的汇率，而且两国之间互相没有债务；后来，欠荷兰的债务，把对荷兰的汇兑率提高了3%，进而把对英格兰的汇兑率提高了2%，在这种情况下，在英格兰用5 882镑7先令便可以偿付那6 000镑的商品，因为5 882镑7先令通过汇兑就等于苏格兰的6 000镑。由此可见，欠荷兰的债务，由于提高了与其他国家的汇兑率，而使苏格兰在运送给英格兰的6 000镑商品上损失了117镑13先令。

与此同时，英格兰商品的售价则将提高。举例来说，如果某一英格兰商人每年向苏格兰运送6 000镑（原始成本、运费和利润之和）商品，则苏格兰就必须用6 120镑来偿付，因为这一金额在英格兰仅等于6 000镑。假如汇兑处于平价水平，苏格兰运往英格兰的商品就将多卖117镑，英格兰运往苏格兰的商品就将少卖120镑。

因此，只要汇兑高于平价，高出的幅度愈大，出口商品的售价就愈低，进口商品的售价就愈高。不管是由苏格兰人还是由外国商人出口或进口商品，情况都是如此。

经营英格兰商品的商人虽然可以卖得较高的价格，但获得的利润仍和汇兑处于平价时相同；经营苏格兰商品的商人虽然卖得的价格较低，但获得的利润并不因此而减少；他们获得的利润都和汇兑处于平价时相同。苏格兰为英格兰商品多付了2%的价钱，英格兰为苏格兰商品少付了2%的价钱：全部或大部分损失最终落在了苏格兰农民身上，全部或大部分利益则为英格兰农民所获得。

如果某些国家发现为了偿付贸易逆差而输出货币或银块，损失的财富甚巨，给贸易造成很大损害，则它们可以下输入人们不特别需要的商品，或征收进口税，减少人们对外国商品的消费。它们应促进工业的发展，从而农产品将增加并得到加工，或者减少人们的过度消费，从而有更多的剩余商品供出口。只要采取其中一项措施，就会使贸易额和汇兑相等，并使贸易出现顺差。但它们并没有采取这些措施，而是禁止输出银块或货币，这样做的唯一结果就是使汇兑率上升。上升的幅度相当于没有禁令的情况货币应多输出的百分比，例如3%。因此，不准货币或银块出口的禁令是有害的，会使所有出口商品跌价3%，所有进口商品涨价3%。禁令执行得越严厉，汇兑率上涨的幅度就越大，造成的损害也就越多。而欠债的商人、签发汇票的银行家和拥有债权的外国人仍然输出货币或银块。

假设苏格兰、英格兰以及荷兰的货币重量和成色相同。苏格兰只与这两个国家进行贸易。汇兑率处于平价水平。苏格兰每年的出口额（按原始成本计算）为300 000镑，其中运费和利润占

30%，每年的进口额为280 000镑，其中运费和利润也占30%。这种贸易一半由苏格兰商人进行，一半由英格兰人和荷兰人进行。

款项	金额	合计
因本国商人进行的那一半贸易而应该付给苏格兰的款项——	195 000	345 000
因英格兰人和荷兰人进行的那一半出口贸易而应该付给苏格兰的款项	15 000	
因英格兰人和荷兰人进口的商品而苏格兰应该付给英格兰和荷兰的款项	182 000	322 000
因苏格兰商人进口的商品而苏格兰应该付给英格兰和荷兰的款项	140 000	

苏格兰人在国外的开支超出外国人在苏格兰的开支共计40 000镑。假设以上便是苏格兰每年的贸易和支出情况，那么，如果苏格兰人不缩减对外国商品的消费以减少进口，不缩减对本国商品的消费以增加出口，不增加或改进本国的产品以增加出口产品的数量和价值，不缩减在国外的开支，则苏格兰就会出现17 000镑的逆差。因为必须偿付逆差，所以货币或银块将被输出，从而使汇兑率上涨3%。不准出口货币的禁令，将使汇兑率再上涨3%。如果苏格兰人出口货币，则苏格兰将在17 000镑应支付款项上节省1 020镑的贴水，如果英格兰商人出口货币，这1 020镑就将被丧失。不过，汇兑率上涨造成的损失要比这大得多。因苏格兰商人出口商品而应该付给苏格兰的那195 000镑，英格兰或荷兰将用183 962镑来偿还，因为按照汇兑率上涨6%计算，这一金额在苏

格兰便等于195 000镑。因英格兰或荷兰商人出口商品而应该付给苏格兰的那150 000镑，英格兰或荷兰将用141 510镑来偿付，这一金额在苏格兰便等于150 000镑。因英格兰和荷兰商人进口商品而苏格兰应该支付的那182 000镑，在苏格兰将变为192 920镑。因苏格兰商人进口商品而苏格兰应该支付的那140 000镑，在苏格兰将变为148 400镑。所以，账目应该是这样的：

因出口商品而应该支付给苏格兰的款项	183 962
苏格兰商人输入的商品的价值(按原始成本计算)	140 000
国外支出差额	40 000
应支付给苏格兰的款项	3 962
因英格兰和荷兰人输入商品而苏格兰应支付的款项	192 920
英格兰人和荷兰人运回国的商品的价值	150 000
苏格兰欠英格兰和荷兰的款项	42 920
外国应该用苏格兰货币付给苏格兰的3 962镑	4 199
苏格兰应付的款项	38 721

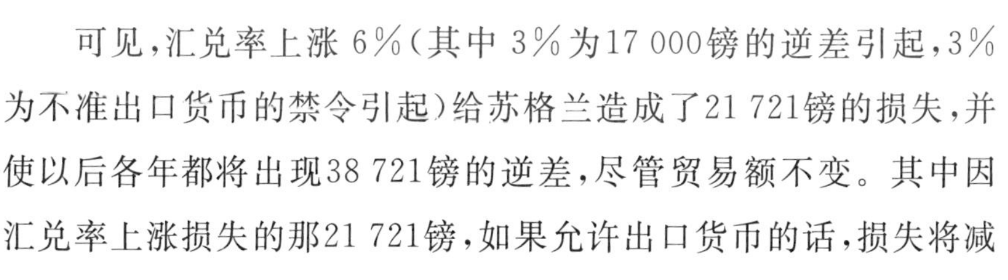

可见，汇兑率上涨 6％(其中 3％为17 000镑的逆差引起，3％为不准出口货币的禁令引起)给苏格兰造成了21 721镑的损失，并使以后各年都将出现38 721镑的逆差，尽管贸易额不变。其中因汇兑率上涨损失的那21 721镑，如果允许出口货币的话，损失将减少一半。

因为汇兑率高于平价 6％会造成21 721镑损失，所以提高币值

$8\frac{1}{3}$，从而使与英格兰的汇兑率提高 14%，与荷兰的汇兑率提高 30%，就会使损失相应增大，条件是假设苏格兰商品的售价仍和币值提高前一样，或上涨的幅度不如币值提高的幅度大。因为，汇兑处于平价时，100 镑苏格兰商品在国外可以卖得 130 镑英格兰货币；但是，现在由于 114 镑英格兰货币在汇兑上等于 130 镑苏格兰货币，因而苏格兰商人以前卖得 130 镑的商品，现在只能卖得 114 镑，而利润却与以前相等。汇兑处于平价时在国外价值 100 镑而在苏格兰卖得 130 镑的商品，现在在苏格兰的售价不能低于 150 镑，因为这一金额在英格兰仅仅等于 130 镑，而外国商人的利润也和以前这些商品的售价为 130 镑时一样多。

倘若把币值降低到英格兰货币的水平，并允许输出货币，会出现怎样的情况呢，这里也许应该讨论一下这种情况。

我已假定，在前面那种贸易状况下，一半贸易由苏格兰商人进行，另一半由英格兰人和荷兰人进行；但由于大部分贸易是由苏格兰商人进行的，我便假设有如下贸易状况。无论是在哪种贸易状况下，我们所要说明的问题都会得到澄清。

现在的贸易状况是，与荷兰的汇兑率高出平价 15%，与荷兰的汇兑率高出平价 30%。苏格兰的输出总额为300 000镑，其中250 000镑由苏格兰商人输出，利润和运费按 30%计算，则输出总额为325 000镑。

按英格兰货币计算	282 608
由外国人输出的那50 000镑，按英格兰货币计算	43 478
输出总额	326 086

输入的货物	306 086
国外开支	40 000
苏格兰的贸易逆差	20 000

币值降到英格兰货币的水平并允许输出货币后，尽管苏格兰有20 000镑逆差，仍会把与英格兰的汇兑率降到2%或3%，把与荷兰的汇兑率降到17%或18%。其原因是，爱丁堡的100镑将等于伦敦的100镑，而且货币可以自由输出，因而没有哪个苏格兰人会用超过102或103镑的金额兑换伦敦的100镑，因为把货币运送到伦敦的麻烦和费用，其价值不会超过2%或3%。假设输出、输入和国外开支仍和以前一样，则苏格兰将有贸易顺差。

若与英格兰的汇兑率为3%，与其他国家的汇兑率与此相适应，则将出现如下贸易状况：

苏格兰商人输出的325 000镑商品（包括原始成本、运费和利润），若用英格兰货币偿付则为	315 534
外国人输出的那50 000镑若用英格兰货币偿付则为	48 544
输出总额	364 078
输入的货物	306 086
国外开支	40 000
苏格兰的贸易顺差	17 992

苏格兰的这种贸易顺差将使汇兑率处于平价水平，并进而使

英格兰与苏格兰的汇兑率上升3%，由于英格兰禁止货币输出，英格兰的汇兑率还将上升3%，在这种情况下，苏格兰的100镑将等于英格兰的106镑(所能换得的其他国家的货币也将相应增加)，从而将出现这样的贸易状况：

苏格兰商人输出的325 000镑货物(包括原始成本、运费和利润)和外国商人输出的50 000镑货物，若用英格兰货币偿付则为	397 500
国外开支	40 000
输入额	306 086
苏格兰的顺差	51 414

如果年输出额像我所假设的那么多，逆差仅为20 000镑，那么把币值降到英格兰货币的水平，将带来51 414镑顺差，虽然不允许输出货币。

也许有人会说，改变汇兑率，降低外币的价值，会阻碍我国商品在国外的销售。因为，在苏格兰用100镑购买的亚麻布，若在伦敦卖115镑，汇兑以后便可获得31%的利润。但如果英格兰的汇兑率提高6%，则利润将只为9%。

我们的回答是，如果某一英格兰商人用苏格兰开的1 000镑汇票来购买亚麻布，则汇兑率将处于平价，因为亚麻布在英格兰的售价包括原始成本、运费和普通利润。第二年，苏格兰的汇兑率上升，亚麻布在英格兰的售价将降低。第三年汇兑率将返回平价水平，从而亚麻布在英格兰的售价将与第一年相同。如果亚麻布的原始成本价格较高，消费者付出的价格也就较高，从而商人的利润将和以前相同。

所有国家都尽力使汇兑对自己有利。荷兰与英格兰的汇兑率为12%或15%，与苏格兰的汇兑率为30%，与法国的汇兑率为40%或50%，有时更高；不过荷兰货物仍在这些国家出售，商人获得的利润和汇兑率较低时一样，只是消费者付出的价格较高。当1金路易等于12利弗尔时，每匹英格兰衣料在巴黎的售价为18至20利弗尔，当1金路易等于14利弗尔时，每匹英格兰衣料在巴黎的售价则为20至23利弗尔，因为随着法国币值的提高，英格兰的汇兑率也将相应提高。

苏格兰输出的货物大都是外国人不需要的，可是外国人为苏格兰货物支付的价格仍能给苏格兰商人带来10%或20%的利润。羊毛就是这方面的一个例子。在禁止羊毛输出的时期，羊毛在荷兰和法国的售价为原始成本的两倍，现在价格已下跌，只能带来30%或40%的利润。货物的价格是根据货物的原始成本、运费和正常利润确定的；在禁止输出货物时，违反禁令而输出货物所冒的风险也是具有价值的。现在羊毛在荷兰的价值之所以比和平时期低，是因为羊毛制品的销售额较小。但是，即使羊毛在荷兰的价值和以前一样，即使某一荷兰制造商不愿忍受缺乏羊毛之苦而愿意为在苏格兰仅值100镑的羊毛支付200镑，可是，由于他知道已解除了禁令，知道苏格兰商人可以卖得较便宜，所以，他只有在能够获得合理利润的情况下才会购买苏格兰的羊毛。因此，或者是苏格兰商人竞相降低价格，或者是荷兰商人压低价格。即使对出口货物征收关税，商人也将获得相同的利润，因为关税将由出口货物的国外价值负担，也就是将由外国人支付。

另外，降低币值[①]并不会降低出口货物在国外的价格。其原因是，当币值被提高时，货物的价格也会相应上涨，或质量将下降，所以，币值降低以后，100 镑的含银量将比以前多 33 $\frac{1}{6}$克朗，从而用 100 镑所能购买到的货物量将比以前多，或质量将提高，特别是用 100 镑所能购买到的亚麻布的数量将增加，因为亚麻的输入价格将下降。但是，即使降低币值后，货物在苏格兰的售价仍和以前一样，质量也和以前一样，即使 1/3 或更多的货物在国外的售价无法提高，因为外国人可以从其他地方以较低的价格获得同类货物，或可以用其他货物取代，或可以减少消费量；但这并不应妨碍我们调整市值和汇兑；因为我们可以退税，凡是出口不能带来合理利润的货物的商人，都可以得到退还的税款。

但是，改变汇兑率或使外币贬值，会减少货物的出口，所以，采取这一措施时，最好设立一项基金，以退还税款来鼓励出口，并增加货币量，以使人们有工作做。因为，不增加货币量，第二年的出口就不会等于第一年，出口额将随着货币量的减少而减少，于是一部分本来有工作的人就会无事可做，这并不是因为他们不愿意工作，也不是因为缺少雇主，而是因为缺少货币来雇用他们。

① 该章所说的降低币值（Lower the money）和提高币值（raise the money），似乎和我们现在所说的货币贬值和升值的含意不尽相同。通观整个一章，这里的降低币值和提高币值的含意似乎是降低汇兑率和提高汇兑率。——译者

第 三 章

论人们所采用的保存和增加货币的各种不同方法。论银行。

人们一直采用各种方法来保存和增加货币，一些国家采用的方法正好和另一些国家采用的方法相反，即使同一国家也往往采用截然不同的方法，它们这样做并不是因为各自的条件不同。

某些国家增大货币的单位，而另一些国家则缩小货币的单位；某些国家降低货币的成色，而另一些国家降低货币成色后又恢复其成色；某些国家严厉禁止输出货币，而另一些国家则明文允许输出货币；某些国家一心想增加货币，迫使其商人在输入货物的同时，要带回贵金属。大多数国家都采用过其中的某些或全部方法，或采用过其他与此相类似的方法。它们有时采用这种方法，有时采用那种方法，是出于这样一种想法，既然已经采用的方法不奏效，那么相反的方法也许会奏效；可是人们发现，这些方法当中没有一种能够保存或增加货币，有些方法甚至起了相反的作用。

利用银行来增加货币，是迄今所采用的最好的方法。在意大利，银行已有很长的历史了，但就我所知，最早建立银行的却是瑞典。当初瑞典把铜当作货币，由于铜很笨重，因而使用起来很不方便；于是便建立起了银行，人们可以把货币抵押在银行，从而获得信用，以信用作为支付手段，由此而便利了贸易。

荷兰人由于同一原因建立了阿姆斯特丹银行。他们把白银当作货币，但他们的贸易额如此之大，以致用白银付款也感到很不方便。阿姆斯特丹银行和瑞典银行一样，是个安全的地方，商人把货币抵押在那里，从而获得借以进行贸易的信用。银行除了使付款更方便、更迅速外，还使人节省了兑换费、保管费和运输费，人们再不会因货币质量低劣而遭受损失，而且把钱存入银行比放在自己家里更为安全，因为银行采取了必要的防火、防盗措施。

那些把钱存入阿姆斯特丹银行的商人以及与该银行有往来的其他国家的人们，不会因货币成色降低或货币单位改变而遭受影响，因为该银行接受的不是货币而是货币的价值，因而它给予的货币叫做银行货币，即使货币的市面价值有所提高，该银行也按当初规定的价值偿付。阿姆斯特丹银行的贴水随着通用货币的增减而有所变化，变化的幅度为0.25％或0.5％。

最可靠的银行是库存现金等于信贷额的银行，因为即使人们要求全部兑现，银行也拿得出现金。

根据阿姆斯特丹银行的章程，该银行提供多少信贷，就要保藏多少现金，以供人们随时兑现。但实际上，该银行的一部分现金被银行管理人员作为股份贷给了锯木厂，而且人们认为在其他场合有更多的钱被借贷了出去。该银行把货币贷放出去也就增加了货币量，使更多的人得以被雇用，贸易得以扩大，从而给国家带来了好处。贷出库存现金，还增加了借贷货币，从而人们可以较为容易地借到钱，货币不像从前那么紧张了，阿姆斯特丹银行由此也获得了好处。但该银行的可靠程度却有所下降，尽管由于它的信用很好，没有任何人因此而遭受损失，或感到有什么危险。然而，如果人们要求全部兑现，或要求兑现的金额大于库存金额的话，就不是所有要求都能得到满足了，只有等到该银行把贷出的金额收回来，才能满足所有兑现要求。

尽管每两三年会发生一次不能满足兑现要求的事情，但总的来看，该银行借出货币带来的好处还是大于害处。如果不是借出去的钱得到了很充分的担保，那么把货币存入该银行的商人对银行不能满足兑现要求一定很恼火。然而，由于担保很充分，利息没有被忽略掉，因而人们可以按很低的贴现率或按平价获得货币。

上次战争期间，英格兰为了享有银行提供的种种便利并增加货币量，仿照荷兰人的做法也建立了一个银行。该银行由资助国王的人组成，他们按 $8\frac{1}{3}\%$ 的利率共借给国王1 200 000镑，以此设立了一项“议会基金”。这些人成了当时享有独占权的银行家。政府所欠的这笔款项被当作银行的担保品，用来赔偿该银行可能给人们带来的损失。

该银行发行的银行券要比以前市面上流通的“金匠券”安全。它发行的银行券要比库存的现金多得多，由此极大地增加了货币数量。借给国王的那笔款项即那项基金，仍归捐款者所有，转让时可以获利，从而在贸易中与货币具有相同的作用。我弄不清该银行发行的银行券为什么会跌价，不知是由于国家形势发生变化的缘故，还是经营不善所致。

苏格兰银行的基金为100 000镑，但实缴额仅为1/10。该银行比英格兰银行更为可靠，因为它设有一“登记处”，大多数贷出的款项都得到了担保。发行的银行券为库存现金的四五倍。该银行超出库存现金多发行多少银行券，也就相应地使苏格兰的货币量增加多少。

同阿姆斯特丹银行或英格兰银行相比，苏格兰银行发挥的作用较大；它的银行券通行于全国，可以在大多数场合用来付款，而阿姆斯特丹银行的银行券只通行于阿姆斯特丹，英格兰银行的银行券也几乎只通行于伦敦。

苏格兰银行停止兑现硬币是人们所预料到的，而且是可以避免的。消费的外国货物和在英格兰的支出超出输出额带来了恶果，把货币运送出去偿付逆差降低了苏格兰银行的信用。因为，信用是受人控制的，它取决于国内货币的数量，取决于货币数量的增减。把面额为1镑的银行券铸成硬币并辅之以小额纸币，可以减少一部分兑现要求，苏格兰银行本来可以通过这种方法来维持其信用，同时寻找其他办法来增加货币数量，但将要提高币值的传闻却使异常众多的人要求兑付，于是几天之内便提光了库存的现金，使银行不得不停止兑现。

最初，将要提高币值的传闻只是使爱丁堡居民要求兑现，一些极有声望的人曾力图加以阻止，但由于当时非常缺乏货币，他们一时收集不到足够多的货币来支持银行。一时间，银行券从国内各地迅猛涌来，库存的现金无法满足所有兑现要求。

假如枢密院宣布将降低币值，把英格兰克朗降低到5先令，并将相应降低其他货币的币值，宣布3天后每克朗将降低2便士，一个月后将再降低3便士，那么就不会有人要求兑现了，人们就会把货币送还给银行。

假如人们已经知道了银行的实际情况，或对银行的可靠性有所怀疑，或即使银行已经停止了兑现，上述公告也将起到相同的作用。如果银行已经停止了兑现，公告就应该给银行以明确的支持。由于银行有很可靠的担保人，人们将把货币送还银行，很少人或根本没有人会继续保有货币而遭受损失。假如货币在3天之内不像所预期的那样迅速送还给银行，则枢密院就应该再发布一项公告，宣布立即把克朗降低到5先令，并宣布3天后将再降低6便士。银行的信用重新确立后，如果需要的话，可以再把克朗的币值恢复到5先令5便士，并相应恢复其他货币的币值。

有人主张，凡是库存现金不等于信用的银行，都应予以关闭。他们的理由是：(1)需求量会大于库存的现金量。(2)即使我国的贸易状况或货币状况在恶化，我们有时也完全察觉不到或察觉到的较少，这时如果银行倒闭，我们就会处于更加困难的境地。

对于第一种反对理由，我们的回答是，虽然国家不会因银行增加货币得到任何好处，人民也不会因借款利息较低得到任何好处，虽然放款者不会因货币量增加而获利，但是，货币量增加给人们带来的方便，如付款比过去更迅速和方便，等等，却足以抵偿其弊害而有余。否则，既然人人知道银行有可能停止兑现，银匠和银行家会破产，人们就不会宁愿使用银行券、金匠券和银行家券，而不使用货币了。

第二种反对理由实际上等于说，拥有少量货币的商人，却能够雇用较多的人；如果有人不索取利息而愿意借给他一笔钱(这笔钱与他原来拥有的金额相等，并随着他拥有的金额的增加而增加)，他应加以拒绝，因为借了钱以后，他会天真地认为自己比以前富有，如果他拥有的货币减少，借给他的那笔钱就会被收走。

假如银行库存现金15 000镑，发行银行券75 000镑，则全国货币数量就将不支付任何利息地增加60 000镑，因为借款者支付的利息被放款者所获得。随着国家货币量的增加，银行的信用会不断提高，银行券的发行量会越来越大；这不但不会减少人们对国家状况的觉察程度，相反，同其他方法相比，人们根据银行的账簿可以更可靠地判断贸易和货币的状况。

假如贸易可以用100 000镑来进行而且贸易为顺差，则增加货币数量会使顺差额进一步扩大。而且，即使顺差使银币数量增加，银行增发的货币也不会损失掉，因为，当货币充足时，虽然某一偶然事件会使信用失去作用，但不要很长时间，信用就会得到恢复，只有当缺乏货币时，信用才会丧失掉。这样的信用可以资助贸易，不会带来任何害处，而没有这种信用，贸易就会缩减。

还有另外一种反对银行的理由。那就是，银行提供的硬币都是在国外具有很高价值的硬币，从而鼓励了货币的输出。为了回答这种反对意见，让我作如下假设。商人甲需要1 000镑荷兰货币，希望银行家乙给他开一张相当于该金额的汇票；由于在荷兰没有欠苏格兰商人的款项，因而乙必须输出货币来偿付他开的汇票。但是，因为苏格兰没有银行，无法得到1 000镑面额为 40 便士的硬币，他不得不输出不同种类的硬币。没有银行并没有阻止货币的输出，而是使汇兑率比如果可以得到1 000镑面额为 40 便士的硬币的情况下提高了 2%或 3%。而且，尽管剩下的货币只是陈旧的马克，可一旦负债，连这些价值不到 10 便士的货币也得输出。在这种情况下，汇兑率将大大提高，而出口贸易带来的利润仍和以前一样。所以，设立银行非但不会给国家带来损害，相反，银行通过提供输出损失最小的硬币，可以把汇兑率压低 2%或 3%，每年可以阻止相当一笔款项输出，而如果汇兑率较高，欠款额就会较大，就必须输出这笔款项。

第　四　章

论目前人们提出来的若干项措施，如提高或降低币值，铸造硬币，控制贸易差额，以及重建银行。

我希望人们知道，当我使用“提高币值”(Raising the Money)这个词语时，指的是增大货币的单位，因为我认为提高币值并不增加货币的价值。

只有通过减少白银的数量或增加对白银的需求，白银的价值才会增大。假如白银的输出额和消费额大于进口额，或者需求量增加，白银的价值就会增大。假如进口额大于出口额或消费额，或者需求量减少，白银的价值就会缩小。

如果提高或降低货币面值能增加货币的价值或能促进国内贸易或国外贸易的话，那各国也就不需要货币了。人们可以把100镑的货币面值提高或降低2倍、10倍、100倍或更多倍。但提高或降低货币面值是不正当的，因为这样一来，偿付给契约的价值就比契约上载明的价值少了，同时提高或降低货币面值也会对国内或国外贸易产生不良影响；所以，凡是主持公道或了解贸易和货币本质的国家，都不会这样做。假设某甲出售12查尔德[①]粮食可以换得6个月后支付的100镑，他打算用这100镑偿付因为购买100

① 旧重量单位，等于37—72英国蒲式耳。——译者

镑法国酒而对他签发的汇票;但在这期间,货币面值提高了一倍,那么,他得到的100镑就将只能够偿付汇票的一半,因为它只相当于订约时的50镑。而且,他得到的那100镑也将不能买到和以前同样多的货物。由于国王已下令,每人只能收回一半债权,因而人们仍然可以按原货币面值清偿已经欠的债务,并可以按原货币面值偿付以前依赖公众的信任签订的契约。但是,在以后的交易中,人们将考虑到货币的价值,货物的价格将上涨,虽然可能不与货币按同一比例上涨。那些不按货币面值增大的幅度相应提高货物价格的人,将遭受损失。

当6便士被提高到12便士时,6便士也就值12便士;但便士的价值却被降低了一半。

为了更好地说明这个问题,我将讨论以下两种情况,一种是货币面值提高后,货物价格跟着上涨,另一种是货币面值提高后,货物价格不上涨。

如果货物价格上涨,提高货币面值便不会达到预期的效果。如果一匹哔叽的售价为40先令,先令的面值被提高到18便士时,一匹哔叽的售价就将是3镑。这增大了货币的计算单位,人们可以只偿付已欠债务的2/3,但却没有增加货币数量。这便是提高货币面值的必然结果,因为人们关心的不是货币单位的大小,而是白银的价值。

如果货币面值提高后,货物的价格仍和以前一样,那么,全部输出货物在国外的价值就将降低,全部输入货物的售价就将提高。举例来说,假如半克朗硬币的面值被提高到40便士后,半克朗硬币购买到的货物和以前用40便士购买到的货物一样多,那么,一个商人如果向荷兰输出 300 镑货物并可以在那里售得 390 镑的话，他就可以从输出的 300 镑货物上获得 220 镑利润，因为荷兰的 390 镑通过平价汇兑或通过运送银块，将等于苏格兰的 520 镑。同 300 镑货物仅仅带来 390 镑的收入相比，这种贸易并没有给国家带来更多的利润，因为，货币面值提高前的 390 镑同货币面值提高后的 520 镑含有相同数量的白银，而且所能购买到的外国货物的数量也相同。但这种贸易却会给商人带来很大利润，以致会有更多的人从事这种贸易，从而出现供不应求的情况；在国内，由于买者多于卖者，价格将被提高，在荷兰，由于卖者竞相出低价，价格将被压低。然而，我国的价格仍较低，外国的价格仍较高。由于荷兰商人知道我国的货物非常便宜，他们不会向我国商人购买任何东西，而会用输出的货物换取我国的货物。

假设我国每年输出300 000镑（按原始成本计算）货物，在国外可以卖得390 000镑。输入和国外开支为410 000镑，每年必须输出20 000镑货币偿付差额。货币面值被提高 1/3 以后，货物价格保持不变，在这种情况下，以外币形式、或货物形式、或通过汇兑输入苏格兰的225 000镑，就可以购买到在国外可以卖得390 000镑的货物。如果输出、输入以及国外开支保持不变，则苏格兰就将出现185 000镑逆差。因为，虽然苏格兰货物的售价降低，但其他国家却不会使其货物的价格比以前低，也不会使其货物的价格低于在其他地方可能获得的价格。

也许有人会说，我国生产的农产品和制造品的数量大于消费额和输出额；售价较便宜会增大外国对我国货物的需求。

假如我们有钱雇用人干活的话，农产品和制造品的数量也许会大大增加。但我认为，我们现在拥有的货物数量并不比消费额和输出额多很多。纵然较低的售价会引致较大的需求，纵然较大的需求会使农产品和制造品的产值增加100 000镑，纵然极为便宜的价格不会使国内的消费额增加，但是，我们的处境仍将和以前一样，因为那20 000镑逆差仍然存在，增加的货物将白白送给外国人。而且货物产量的增加仅仅是一种幻觉，因为即使需求增加，如果货币数量不增加的话，也不会有更多的人被雇用，从而也就不会生产出更多的货物。由于没有钱来偿付逆差，我们将不得不把对外国货物的消费以及国外开支削减将近一半。

有人认为，外币的面值被提高会使货币输入苏格兰。

即使克朗的面值被提高到 10 先令，但如果苏格兰存在逆差，汇兑仍将高于平价。当英格兰商人在伦敦支付 100 克朗，而可以在爱丁堡得到 105 或 106 克朗的时候，它是不会把克朗输往苏格兰的。

如果贸易差额相等，外币的面值提高而苏格兰货币的面值没有相应提高，则外币就会输入苏格兰，苏格兰货币的价值就会提高。由此而给一个国家带来的损失，同货币的面值被提高而货物的价格没有相应提高的情形是一样的。举例来说，如果外国人把货币输入我国购买货物，而这种货币输出时不像在我国的价值那样高，则不仅输出我国的货物不会获得利润，而且连收入也会大大减少。

如果偿付了全部输入和国外开支后，苏格兰仍非常富足，以致有银块或货币输入，同时不准输出货币的禁令仍然有效，那么，苏格兰使其货币的价值保持不变就会变得更加富足，因为外国人将向我国输入较多的货币来购买和以前一样多的货物。

假如我国同其他国家没有任何商业往来的话，就可以把 100 镑的价值大大提高，使其在商业活动中当 100 万镑来使用；但是，在这种情况下，如果我们允许一个外国人来我国，则他就可以用很小一笔钱购买到大片土地或大量货物，而我国的富人如果到外国去，则会变得一贫如洗。

货币是用来衡量所有货物的价值的尺度；因此，如果币值提高而货物价格不按同一比例提高，货物的价值就会降低。假设苏格兰每年生产的农产品和制造品的价值为 200 万镑，20 年生产的价值为4 000万镑。货币量为100 000镑。提高币值 20%，使100 000镑当120 000镑流通。假设货物价格仅提高 10%，则120 000镑在苏格兰就等于币值提高前的货币110 000镑，并可以买到和以前同样多的货物。由此可见，货币的数目增加了20 000镑，同苏格兰货物的价值相比，苏格兰或外国货币的价值增加了10 000镑。但是，由于衡量货物价值的尺度被增大了 20%，而货物价格仅上涨了 10%，因而苏格兰拥有的价值比以前减少了将近 4 百万镑，或减少了 1/10。这样，任何出售自己财产的人得到的白银或任何其他外国货物，就会比币值提高前少 1/10。

法国和荷兰这两个国家可以作为提高币值和降低货币成色的例子。法国的货币面值比其他国家都高，但这并没有阻止法国货币被输出。当 1 金路易等于 12 利弗尔，法国有贸易逆差，汇兑率高出平价 10%时，在巴黎要支付 110 个面额为 12 利弗尔的金路易，才能在阿姆斯特丹换得 100 个重量和成色与其相同的金路易，在阿姆斯特丹，1 金路易相当于 9 个基尔德银行货币；所以，从法国输出货币可以获得10%的利润。当金路易的价值被提高到14利弗尔时，法国的贸易逆差并不会因此而减少；汇兑率仍和以前一样，在巴黎仍要支付110个金路易（虽然其价值被提高到了14利弗尔）才能偿付阿姆斯特丹的面额为100镑的汇票，所以输出货币获得的利润和以前相同。如果汇兑率偶然降低，那也是因为法国的贸易逆差减少的缘故，贸易逆差减少，无论币值提高与否，都会降低汇兑率。而提高币值，非但不会使贸易差额对法国有利，反而会增大它的贸易逆差，其原因是，由于法国货物的价格不按币值提高的同一比例上涨，因而法国货物的售价将下跌，而外国货物的售价将上涨，这将增大贸易逆差，使更多的货币被输出，随着货币的减少，许多人将失去工作，从而将减少农产品和制造品的数量，减少国家每年生产的价值，并减少人口。

有人认为，荷兰人会自己铸造金路易，把它们运往法国，因为在那里1金路易等于14利弗尔，而且有人认为，在货币剪损时期，人们曾把几尼从荷兰运往英格兰，因为在英格兰1几尼等于30先令。这些人了解到的情况是不正确的。自从我知道有汇兑这回事以来，阿姆斯特丹的1金路易，无论是新的还是旧的，其价值在汇兑上都比巴黎的新金路易高。在货币剪损时期，荷兰的1几尼在汇兑上要比英格兰的1几尼价值高。那些不了解汇兑情况的人，也许会购买几尼或金路易，把它们运往英格兰或法国，但他们如果使用汇票的话，则会获得更多的利润。所以从英格兰和法国向荷兰输出几尼和金路易是有利可图的。那时，1英格兰镑值8基尔德或不到8基尔德，而且最近8或10年来，阿姆斯特丹与巴黎的汇兑率一直大大高于平价。据我所知，英格兰镑曾等于7基尔德

13 斯泰弗①，面额为 3 利弗尔的法国克朗在荷兰曾等于 37 斯泰弗，在伦敦曾等于 39 便士半。

提高法国货币的价值，等于是向法国人民征税。有人认为，用这种方法征税比用其他方法征税可以更快地得到税款，而且人们感觉到的程度也较小。当国王把金路易的价值从 12 利弗尔提高到 14 利弗尔时，造币厂以 13 利弗尔的价值收进金路易，而以 14 利弗尔的价值发行金路易；因此，国王从每一金路易那里可以获得 1 利弗尔的利益，根据国内货币数量的多寡，税款可以达到2 000万或2 500万利弗尔，或更多些。然而，这非但不会增加货币数量，反而会中止流通。人们会把一部分货币保存起来，等待机会把它们输往荷兰，从荷兰他们通过汇票获得的利弗尔的数量，将与输出新金路易获得的利弗尔数量相等，而且根据汇兑率对荷兰的有利程度，还会多得到 8%或 10%。另一些不愿冒险输出货币的人，也会把货币保存起来，等待新货币的价值被压低，以节省 1/13 的价值，他们如果把货币拿到造币厂重新铸造货币的话，这 1/13 就会被国王获得。这种税主要是落在穷人身上。

一般认为，荷兰货币的价值还不到其流通价值的一半。但如果仔细进行一番考察的话，就会发现情况并非如此。荷兰的主要金融机构阿姆斯特丹银行接受和支付的是银行货币，银行货币要比英格兰的货币价值高：杜卡东值 3 基尔德，其他银行货币的价值与此成比例；据我所知，荷兰的通用货币含有的白银都是足值的或基本上是足值的，只有一部分斯卡令币不足值，但这并不是有意造

① 荷兰旧辅币，等于 1/20 盾。——译者

成的，出现这种情况是由于拥有造币权的城镇太多的缘故，这种弄虚作假的行为一经发现，便会被纠正，而且这种硬币的价值已被降低到了 5 斯泰弗半。

有人认为，提高币值可以使我们手头拥有的那点货币更好地流通，可以引出窖藏的货币。在三四个月内逐步降低货币价值，不仅会带来相同的效果，而且还会带来其他好效果（参看第 21、22 页）。我们有理由认为，如果把货币的价值降低到英格兰货币的水平，如果输出、输入以及国外开支保持不变，则汇兑率将对我们有利，从而将出现贸易顺差。

还有另一种赞成提高币值的理由，那就是：输出我国的某些货物带来的利润不够多，因而没有人输出这些货物。举例来说，如果在苏格兰价值 100 镑的毛呢在荷兰价值 120 镑，则我国的商人将不会为了 20％的利润输出毛呢。但是，如果币值被提高 20％，而货物价格保持不变，那么以前购买 100 镑毛呢的钱现在就可以买到价值 120 镑的毛呢。而且，这些毛呢在荷兰将价值 144 镑，所以，提高币值将增加利润，进而将促进出口。

这实际上和下面的情况一样，一个商人拥有 100 种不同的货物，其中 90 种可以赚得 30％的利润，剩下的 10 种货物只能赚得 20％的利润，于是他便把衡量货物的尺度增大 1/4，按照从前的价格出售所有这 100 种货物。既然玩弄这种花招的商人将遭受严重损失，提高币值的国家也必将落得同样下场。

由于同一原因，如果允许所有货物免税输出的话，则我国将遭受巨大损失；根据各种货物在国外的价值的大小，有些应该免税，有些则不应该免税。

鼓励利润不高的货物出口，切实而稳妥的方法是退还税款。举例来说，如果运往荷兰的毛呢只能带来20％的利润，那么退还10％的税款就会促进毛呢的出口。向商人退还税款，并不会给国家带来损失，制造商或出口商得到多少，国家也就得到多少。

退还税款是迄今人们所知道的鼓励出口的最佳办法。用10 000镑或15 000镑来退还税款，很可能会使出口额增加100 000镑。而且国家并不会损失掉这10 000镑或15 000镑，因为如果是苏格兰人得到了退还的税款，那也就等于国家得到了退还的税款，和没有退还税款一样。当退还的税款取自政府支出时，能用于退税的钱必然很少，因为退还多少税款，就要从国王那里拿走多少现款。但是，如果设立一项奖励贸易的基金，则国家将促进贸易的发展，其出口货物的价格将低于不采取同样措施的国家。但这是有条件的，即国家必须有钱雇用人来生产出口货物。

王政复辟时期，人们曾把银器铸成硬币，这样做不仅失掉了银器(每件银器的形状要占其价值的1/6)，而且并没有因此而增加多少货币。其原因是，在这之前国家已收回了一部分银器，王政复辟时期民间的银器并不很多。自那时以来，每年约用60英石白银制作银器，但其中大部分都被熔化或出口了，因而剩下的不多。进口的银器都为少数贵族所拥有，他们宁愿输出银器，也不愿把它们熔化掉，如果他们不把输出银器得到的收入在国外花掉的话，那他们输出银器对国家是有利的，因为在伦敦出售精致的银器得到的白银，要比在国内熔化得到的多。

有人提议降低货币的成色，把由此而得到的利益给予银器所有者。假设掺杂其他金属的新货币面值被提高一倍，5先令的银器(加上其形状的价值实则为6先令)在造币厂可以换得10先令降低了成色的货币,但即使如此,人们也不会自愿地把银器送往造币厂,因为如果把5先令的银器拿到英格兰出售并通过汇票带回其价值,在汇兑率高于平价的情况下,将可以带来11至12先令(假设从该银器的造型上得到了6便士)。

即使有必要把银器铸成硬币,也应该允许人们输出在国外可以卖得较高价钱的银器,条件是必须把获得的收入以货币或银块的形式运回国。

有人提出,应通过减少对外国货物的消费和在英格兰的开支来控制贸易差额;从而贸易差额将对我国有利,在量入为出的情况下,我们将愈来愈富,而如果老是入不敷出,我们将愈来愈穷。

用这种方法来控制贸易差额是有困难的。(1)取消所有或大部分进口,将大大减少王国政府的收入;英王陛下是不会恩准的,除非英格兰也采取同样的措施。(2)这样的控制不会被严格执行,一部分禁运的货物将被偷运进来。(3)我们的亲王住在英格兰,在那里就必须设置办事机构,既然亲王陛下拥有任免权,伦敦又比爱丁堡好玩,所以贵族绅士们将继续到伦敦求官觅爵或寻欢作乐。

假设英王陛下准许实行这种控制,不管英格兰是不是采取相同的措施;假设这控制可以得到严格的执行,没有任何违禁货物输入;假设可以节省在英格兰的开支20 000镑,进口和国外开支共节省60 000镑;即使如此,我仍担心其他困难会使这种控制失去作用。

(1) 假设我们去年的逆差为20 000镑,进口和国外开支的削减额为60 000镑。那些提议控制贸易差额的人也许认为,这样我们将有40 000镑顺差。实际上,由于银行超过库存现金向我们多提供了60 000镑钞票,并由于已假设去年输出了20 000镑,因而我国的货币在以后各年将减少80 000镑,货币的减少将使一部分从前有工作的人失业,从而出口额将相应减少,在这种情况下,尽管采用前面提到的那种方法控制贸易差额,我国的贸易逆差仍将进一步扩大。

(2)进口40 000镑(按原始成本计算)货物并在国外支出20 000镑,减少了对本国货物的消费;对本国货物的消费减少多少,出口也就增加多少。但控制贸易差额会增加对本国货物的消费,因而出口将减少。

(3)有些商人尽管出口某些货物获得的利润不是很多,但却一直在出口这些货物。然而,因为进口额从而进口利润将减少,所以他们也将不得不减少出口。

(4)如果苏格兰不准进口其他国家的货物,或对其他国家的货物征收很高的关税,其他国家对苏格兰的货物也会采取相同的措施。

假设我们能控制贸易差额,荷兰也采取相同的措施,那么,我们的财富增加,荷兰人的财富也会按同一比例增加,在这种情况下,50 年以后苏格兰同荷兰相比,仍将和现在一样贫穷。

假设有两个国家,它们生产的产品相同,人口相同,其他条件也相同;其中一个国家拥有货币100 000镑,每年的进口额不超过出口额;以致第一年的顺差为20 000镑,第二年的顺差为25 000镑,其余年份的顺差依此类推。另一个国家拥有货币2 000万镑,每年的进口超过出口,以致第一年必须输出货币 100 万镑来偿付逆差，第二年必须输出货币1 200 000镑，其他年份必须输出的货币额，依此类推。在这种情况下，后一个国家将很快变穷，前一个国家将很快变富。但是，如果拥有2 000万镑货币的那个国家缩减对外国货物的消费，则它相对于另一个国家来说将变得富强。

在欧洲的总货币额中我国所占的份额极小，而贸易额的大小却依赖于货币的多寡，所以要改善我国的状况，只有增加货币数量，即使用其他方法可以改善我国的状况，增加货币数量也会大大促进这种改善。

苏格兰银行是不会再增加多少货币的，其原因是，由于信用是自愿的，所以信用取决于货币的数量。而且，即使它没有停止支付现金，它的信用也不会维持很久。因为，苏格兰拥有的货币量保证不了有充足的银行券在市面上流通，以致没有足够的钱来支付银行的费用和股东应得的利息。

据说，苏格兰银行的股东打算向议会申请更多的特权。由于他们的意图尚未公开，我只能泛泛地说，如果授予该银行更多的特权，则它就不再是现在这种样子了，至少它不再是过去的那个银行了，因为无论在哪种情况下，都将允许人们自由入股。

根据议会的法令，银行成立时，人们可以自由入股。先认购者，先入选，到股金被认购完为止。假设苏格兰银行建立时，某甲、某乙和某丙因为感到入股的条件不够有利而没有入股，那么，只要已经认股的人能够根据议会法令维持该银行的营业，任何其他人就不能再入股，除非已认购者自愿出售自己的股票。但是，如果授予该银行更多的特权，则某甲、某乙和某丙以及其他人就会希望该银行开放账目，允许他们入股；同时，议会可能将允许提供同样抵押品的人也享有建立银行的特权。这样,苏格兰的每一个郡便都会建立起银行。如果授予苏格兰银行以新的特权,则其他能够而且愿意提供同样抵押品的人也要求得到这种特权,就很难加以拒绝,特别是当国家需要的货币量超过准许苏格兰银行发行的货币量时,情况更是如此。

第　五　章

任何旨在增加银币的措施,或旨在建立保证支付银币的信用的措施,都是徒劳的。银币的价值已比从前跌了许多。土地的价值则有所提高。白银会丧失因为充当货币而增加的价值。

国家的实力和财富,是由人口和国内外货物的储存量构成的。人口和货物储存量依赖于贸易,而贸易又依赖于货币。由此可见,要比其他国家富强,就要比其他国家拥有更多的货币,因为倘若没有货币,法律再好也不能使人得到雇用,也不能使农业、制造业和贸易得到发展。

人们一直在采用各种方法来保存和增加货币,但这些方法以及上面提到的方法却很难实行,即使实行起来没有困难,其作用也很小,根本不能提供足够的货币来改善国家的状况,或像其他国家那样扩大贸易。

扩大保证支付货币的信用,必须与所拥有的货币数量成一定比例。既然我们拥有的货币很少,扩大信用也就很有限。

我们应该考虑是否可以用白银以外的其他货物充当货币，只要这种货物不易损坏，使用起来方便。

很显然，根据第一章所叙述的货币的性质，任何其他货物只要具有货币所需要的特性，即不易损坏，使用起来方便，就可以按照其自身的价值充当货币。白银之充当货币，并非由于人们的一时喜好；它被当作货币，是因为人们认为它最适合于这一用途。

我将试图证明，人们可以用另一种东西充当货币，同白银相比，这种东西在更大程度上具有货币所需要的一切特性，并具有白银所没有的另一些特性，尽管苏格兰出产白银，但还是应该用这种东西充当货币。用这种东西充当货币，人民将得到雇用，国家的状况将得到改善，制造业和国内外贸易将得到发展，国家将由此而富强。

我希望我的建议是稳妥而切实可行的，从大的方面来说，将给整个苏格兰带来利益，从小的方面来说，将给每个苏格兰人带来利益。

由于我将证明我所提出的那种东西比白银更适于充当货币，因而在论述建议本身以前，我将先说明银币的一些缺陷，说明银币并不具有，而且也不能满足货币所要求的那些条件。

货币是货物价值的尺度，是据以交换货物和用来支付契约的价值。

货币并不像一些人所认为的那样是抵押物。货币是已被支付或订约将被支付的价值，接受者在需要时将能够用它购买到与自己所出售的货物种类相同、数量相同的货物，或用它购买到与自己所出售的货物价值相等的其他货物。货币是最可靠的价值，无论是用它来接受货物或签订契约，还是用它来衡量货物的价值，情况都是如此，因为货币的价值最不容易发生变化。

银币的价值比其他货物的价值易变，所以它不那么适于充当货币。

由于地方长官有权改变银币的面值或成色，因而白银也就丧失了适于充当货币的主要特性。在货币面值或货币成色经常变化的国家，用货物订约比用货币订约更可靠。举例来说，如果贷放出100盎司白银，规定一年以后用英镑偿还，但在这期间半克朗的面值被提高到了一克朗，那么，用50盎司白银便可以偿还那100盎司白银。

即使地方长官从不改变银币的面值或银币的成色，银币的价值也比其他货物更容易发生变化。

相同种类和相同质量的货物会因为其供应量或需求量的变化而价值发生变化。在这两种情况下，由于货物的价值或提高或降低，所能换得的其他货物的数量或货币量或增多或减少，因而我们说货物比以前贵或便宜了。

银块或银币的价值也会因其供应量或需求量的变化而发生变化，在这两种情况下，我们都说货物比以前贵或便宜了；但实际上是白银或银币比以前贵或便宜了，因为是这两样东西的价值有所提高或降低，是这两样东西所能换得的货物量有所增加或减少。

诸如谷物这样的易腐货物，其供给量是随着需求量的增减而增减的，所以其价值大体保持不变。

诸如金属和海运物资这样的耐久货物，其供应量往往超过需求量，所以其价值经常下降。

输入欧洲的白银或银币超过消耗量或出口额多少，欧洲的白银或银币的供给量也就增加多少。虽然需求量也有增加，但却没有供给量增加的那么多，这可以用以下两个事实作证：首先，和以前数量相同的白银或银币所能购买到的货物不如以前多了；其次，以前使用货币的利息为10%，现在则为6%，而在荷兰则为3%或4%。

由于1盎司白银值5先令2便士，1克朗值60便士，所以，除非亲王陛下改变白银或银币的价值，否则大多数人是察觉不出白银或银币的价值的变化的。如果某一年1博尔大麦售得2克朗，第二年售得3克朗，那么这种差别或者是由大麦的供应量或需求量的变化造成的，或者是由货币的供应量或需求量造成的。另外，货币供应量或需求量的变化，不仅引起大麦的价格发生变化，而且还引起其他货物的价格发生变化。

假设某人去年出售100只羊获得了100克朗，他出售羊是想今年再买回100只羊。在这种情况下，即使羊的供给量和需求量与去年相同，但如果货币的供给量增加，而需求量未按同一比例增加，100只羊也会值更多的货币，因而货币比以前便宜了。如果货币的供给量与需求量未变，而羊的供给量减少或需求量增加，则100只羊将值更多的货币，因而羊比以前贵了。

由此可见，即使地方官员不改变银币的价值，其价值也会因为白银的供给量或需求量的变化而变化。因而，接受银币的人无法确知他所接受的货币在需要时是否能买回他所出售的货物，或是否能买到与他出售的货物等值的货物，其原因是货币的价值或他所要购买的货物的价值可能发生变化。

即使货币或货物的质量保持不变，上述不确定性也依然存在。

大多数货物的价格因其自身供求量的增减而发生的变化，都可以通过保有存货而在很大程度上加以避免；但是，只要白银被当作货币，货物的价格因货币供求量的增减而发生的变化则无法避免。

看一下 200 年前货物、土地和货币所具有的价值，我们就会知道，现在货币所具有的价值要比以前低得多。

根据爱丁堡市政会的法令，公元 1595 年小麦的售价为每博尔 6 苏格兰先令 8 便士。

根据法令，公元 1552 年红葡萄酒和法国白葡萄酒在酒馆的售价为每品脱 6 苏格兰便士，啤酒的售价为每加仑 20 苏格兰便士。

公元 1526 年市政府的磨坊的租金为 400 苏格兰莫克(Merks)[①]，现在的租金则为13 000莫克。

那时利思的小海关的出租费为 115 莫克。

根据法令，公元 1532 年麦芽的售价为每车 32 苏格兰先令。

根据法令，公元 1551 年头等羊肉的售价为每大块 12 苏格兰便士，二等羊肉的售价为每大块 10 便士，三等羊肉的售价为每大块 8 便士。

根据法令，公元 1553 年麦芽的售价为每 9 弗罗特(Firlots)[②] 36 苏格兰先令。每只乡村面包的重量为 40 盎司，每只城镇面包

① 苏格兰古币名，等于 13 苏格兰先令 4 便士。——译者

② 苏格兰旧干重单位，等于 1/4 博尔或 1/2 至 $1\frac{1}{2}$蒲式耳。——译者

的重量为36盎司，每只面包的售价为4便士或一个波莱克(Plack)[①]。

根据法令，公元1555年面包师必须用140只面包(每只面包重16盎司)换1博尔小麦。

根据玛丽女王第五届议会的法令，公元1551年从东海岸和北海岸进口的布杜酒每桶售价不得超过20苏格兰镑，每桶罗奇酒不得超过16镑。每品脱布杜酒的售价为10便士，每品脱罗奇酒的售价为8便士。从西海岸进口的布杜酒每桶售价不得超过16苏格兰镑，罗奇酒每桶售价不得超过12或13镑。每品脱布杜酒的售价为8便士，每品脱罗奇酒的售价为6便士。

由此可见，200年前用5镑购买到的东西，现在用100镑也买不到，这并不是因为那时货物的供给量比现在多或货物的价值比现在低的缘故，相反是由于那时用法令来控制货物价格，因而我们有理由认为，那时货物的供给量相对于需求量来说比现在少，价值比现在高。但是，自从那时以来，货币的供给量超过了需求量而且亲王陛下改变了货币的面值，所以货币的价值下跌，现在的100镑还不值以前的5镑。

从旧地租账册中我们知道，200年前每英亩土地的租金仅为1博尔粮食，而现在每英亩土地的租金则为2博尔粮食，这可能是由于200年来土地得到了改良的缘故。

200年前放款利率为10厘。如果按每英亩土地的租金为1

① 苏格兰旧辅币名。——译者

博尔粮食，每查尔德[①]粮食的售价为 8 先令 4 便士计算，则 384 英亩土地的产权才等于或价值 100 镑，因为 100 镑可以带来 10 镑利息，384 英亩土地所缴的粮食也正好可以卖得 10 镑价钱。现在土地（由于许多原因，现在人们都宁愿要土地而不要货币）的价值是按 20 年的收益计算的，而 200 年前土地的价值则是按 14 年的收益计算的，所以那时 384 英亩土地的售价为 140 镑。

自那时以来，货币供应量的增加一直远远大于需求量的增加，一定数量的白银的面值也愈来愈高，结果，货币的价值愈来愈低，放款利率也愈来愈低；以致同 200 年前相比，现在一定数量的货物所能换到的货币量增加，以年计算的土地价值提高。

若按照现在每英亩土地的租金为 2 博尔粮食，每查尔德粮食的售价为 8 镑 6 先令 6 便士，放款利率为 6 厘计算，则现在 384 英亩土地按 20 年收益计算的价格就应该是8 000镑。根据这种计算，现在的货币所能购买到的货物只是 200 年前的 1/20，所能购买到的土地只是 200 年前的 1/57。出现这种差距的部分原因是土地得到了改良，对土地的需求有所增加，而供给量却没有变化，从而土地的价值提高；另一部分原因是货币的供给量相对于需求量不断增加，同时其面值不断被提高，从而其价值降低，使用率减少。

从 200 年前议会颁布的法令中我们可以知道，当时银币中所含的白银要比现在多。

公元 1475 年，也就是詹姆斯三世统治时期，根据法令，每盎司

① 旧重量单位，相当于 32—72 蒲式耳。——译者

白银的售价为 12 苏格兰先令 12 格罗特[①],要用 1 盎司白银铸成。

根据爱丁堡市政会 1554 年 11 月 3 日颁布的法令,每盎司白银的售价为 18 苏格兰先令 8 便士,但该法令没有提到银币的成色。假设那时银币的成色是现在的 2 或 4 倍,那么现在银币相对于货物的价值便只下降为那时的 1/10 或 1/5,相对于土地的价值便只下降为那时的 1/28 或 1/14。但实际上,现在货币相对于货物的价值已下降为那时的 1/20,相对于土地的价值已下降为那时的 1/57。

在法国以及其他信奉罗马天主教的国家,现在人们是以收取永久性利息的方式放款,债务人可以偿还欠款,债权人可以转让欠款,但债权人却不能收回本金。根据法律的规定,如果债权人收取利息而又有权收回本金的话,那这种放款就是高利贷,尽管收回本金的期限可能是在放款许多年以后。假设 200 年前苏格兰人的放款方式与此相同,某甲拥有 768 英亩土地,以每英亩 1 博尔粮食的租金出租,那他每年将得到地租 48 查尔德粮食,按每查尔德 5 先令计算,也就是每年将得到 20 镑的地租。假设某乙拥有货币 100 镑,以 10 厘的利息把它贷放出去,则他每年将得到利息 10 镑。如果他把这 100 镑留给自己的儿子,他会认为给儿子留下了很大一笔遗产,因为每年 10 镑利息相当于 24 查尔德粮食。然而,这 100 镑若是放到现在,由于利息降低到了 6 厘,由于货币的面值被提高,由于货币供给量的增加降低了货币价值,现在它每年得到的那 6 镑利息连一查尔德粮食也买不到。200 年前,甲的一半土地即

① 古时英国的 4 便士银币。——译者

384 英亩土地仅值 100 镑或 140 镑，而现在则值 100 镑或 140 镑的 57 倍（假设地租提高了一倍，土地价值按 20 年的收益计算）。

我们在法国看到的情况是，200 年前土地的价值平均每 30 年上涨一倍，因而公元 1500 年价值 100 镑的土地，1530 年便价值 200 镑，1560 年便价值 400 镑，其余依此类推，一直到最近五六十年，土地的价值才基本稳定下来。

在英格兰，购买一定数量的货物，现在所花的货币量是 200 年前的 20 倍。英格兰人认为是货物的价格上涨了。实际上，货物的价格并没有变化，而是货币的价值下降了。

大多数货物供给量的增加，都与需求量的增加相等或基本相等，因而大多数货物的价值都与 200 年前基本一致。土地的价值之所以会提高，是因为土地得到了改良，生产出来的产品更多了，同时还因为供给量未变，而需求量却不断增加。白银和货币价值的降低，是因为供给量的增长超过了需求量的增长。

现在货物的供与求是相等的，将来也将相等，两者不会相差很多，因为大多数货物的供给都取决于需求。举例来说，如果燕麦的供给量大于需求量，也就是大于消费和贮藏所需要的数量，则超过需求量的燕麦就会成为滞销货，从而燕麦产量将降低，一部分种植燕麦的土地将改作他用。如果由于歉收供给量少于需求量，则缺额可以由以前贮存的粮食来补充；即使储存的粮食不足以满足需求，粮食的缺乏也不大可能延续一年或两年以上。

土地的价值将继续上升，其原因是土地仍有改良的潜力，同时还因为对土地的需求将继续增加，而土地的供给却不会改变。

由于白银供给量的增加不取决于需求，因而随着供给量的增加(其需求量是不会按同一比例增加的),白银的价值将不断下降。大多数人都不肯相信白银比以前贱或比以前价值低,尽管比较一下一定数量的纯银 200 年前所能购买到的货物量和现在所能购买到的货物量,这一点是很清楚的。在法国,如果一桶酒价值 20 博尔燕麦的话,那么,只要这两种货物的质量、供给量和需求量不发生变化,20 博尔燕麦所能换到的酒就绝不会比一桶多,也绝不会比一桶少。但是,如果这两种货物的质量、供给量或需求量不按同一比例变化,则它们相互之间就不会按以前的比例交换。因此,如果法国的一桶酒值 40 克朗,这一交换比例就应该永远保持不变,除非酒和货币的质量、供给量和需求量不按同一比例变化。

白银供给量的增长超过需求量的增长的原因是显而易见的:西班牙人把他们所能开采到的白银都运回了欧洲,因为尽管白银不像以前的价值那么高,但仍是很有价值的东西。虽然西班牙人开采的白银没有运进英国,但由于白银在欧洲的供给量有所增加,它在英国的价值也就降低了。

有人也许会提出相反的观点,说现在白银的需求量大于供给量。我们的回答是,虽然现在白银的需求量大于供给量,但 200 年来白银需求量的增长却一直低于供给量的增长。200 年前贷出货币或白银可以得到 10%的利息,现在则仅仅可以得到 3%至 6%的利息。假如需求量的增长和供给量的增长相同,那么贷出货币就应该像 200 年前那样得到 10%的利息,就应该购买到和那时一样多的粮食或其他价值未发生变化的货物。如果某人要贷出 1 000镑,就应该像 200 年前那样以 10%的利率贷放,若用这1 000镑购买土地,所购买到的土地提供的地租就应该等于 240 查尔德粮食。然而，尽管法律没有规定货币利息，按上述条件却不会找到借主，因为白银供给量的增长一直大于需求量的增长，而且货币的面值也发生了变化，既然货币的价值比过去低，人们理所当然地希望以较宽厚的条件得到借款。如果需求量和供给量按同一比例增加，货币的价值未提高，现在支付的利息就应该和 200 年前相同，或得到的粮食和那时一样多，因为，既然货币的价值未变，现在就应该和那时一样，用 8 先令 4 便士就可以购买到 1 查尔德粮食。

如果 200 年前用2 000镑来购买银器，那人们会认为，在银器上所损失的仅仅是银器的形状和利息；而如果用这2 000镑购买土地，则土地的地租就会超过银器的价值。

尽管同 200 年前相比银币的价值已下降了许多，但银币所具有的价值仍比一般白银的价值高一半或 2/3，这是因为它充当货币的缘故。

假设在欧洲人们不再把白银当作货币，白银的供给量和以前相同，因而需求量大大减少，在这种情况下，白银的价值将降低2/3以上，因为除了需求减少外，白银在其他方面的用途，例如用来铸造银器，都不如充当货币这一用途那么为人所必需。

商品所具有的价值，是同它们的用途应该得到的价值相等的。在物物交换中，白银是根据它作为金属的用途而获得价值的，而且它最初充当货币所具有的价值，就是和它在物物交换中所具有的价值相等的。白银由于充当货币，需求量增加，从而获得了额外的价值；不过，人们并没有感觉到其价值的增加，因为供给量的增加也降低了白银的价值；但是，如果白银不充当货币而供给量增加的话，它的价值本来是会降得更多的。

白银能使其额外价值保持多久，这一点现在是无法确定的。如果英格兰采用一种新的货币，而其他国家仍把白银当作货币，则白银的价值便不会降低至原价值的 1/3；但是，除了供给量的增加使白银的价值正常降低外，需求量的减少也许还会使白银的价值额外降低 10%。如果这种新货币的供给量不超过需求量，则这种货币的价值就会保持不变，同当初铸造这种货币时相比，它在国内外所能换得的白银数量就会增多，白银的价值因为供给量增加和需求量减少而下降多少，这种新货币所能换得的白银数量就会增加多少。

如果不仅仅是英格兰采用新的货币，其他国家也采用新的货币，而只有荷兰一国继续使用银币，则因为货币方面的需求减少，白银的价值会立即降低 50%。从而，荷兰的 100 镑就会只值英格兰的 50 镑新币，无论是用硬币来交换，还是通过汇兑来交换，情况都是如此。而且，随着白银源源不断地流入欧洲，也就是随着白银供给量的增加，白银的价格还会进一步降低。

有人也许不同意这种看法，认为，最近几十年来，苏格兰商品的供给量与需求量相等；货币较为稀缺，而货币的需求量却与以前相同，或比以前有所增加。因此，如果商品和货币价值的高低是供给与需求的多寡造成的话，那么货币就应该因为供给量严重不足而价值有所提高，就应该能够换得较多的商品。然而，同货币的供给量较多时相比，商品的价格几乎没有发生变化。

对此我们的回答是，商品或货币的价值是随着整个欧洲商品或货币的供给或需求的变化而变化，而不是随着某一国家的供求的变化而变化。因为苏格兰和英格兰的商品供给量与需求量相等，所以这两个地方的商品价值相等，尽管相对于人口、土地和产量而言，苏格兰拥有的货币量不到英格兰的 1/40，相对于需求量而言，不到英格兰的 1/10。假如在目前这种状况下苏格兰不与其他国家进行贸易，则它的货币所能购买到的商品量就应该是英格兰的 10 倍；然而，由于苏格兰实际上与其他国家有贸易往来，所以，即使苏格兰拥有的货币比现在还要多得多，或货币供给量比英格兰多得多，即使苏格兰仅拥有 10 万或 100 万镑货币，其商品价值的波动幅度同国外相比也不会超过 3%，因为，正是在这一波动幅度内，商品才得以输出或输入。如果禁止贸易，这一波动幅度也许将提高。

英国和其他国家有些论述贸易与货币的著作认为，某一国家的商品价值之所以下跌，是因为该国的货币数量增长较慢的缘故。认为如果英格兰仅有 500 镑货币，那么英格兰的年地租额就不会超过 500 镑，一头牛的价钱就会是 1 便士。这种观点是错误的。由于牛可以输出到荷兰，因而牛在英格兰的价钱会与牛在荷兰的价钱相等或基本相等。假设荷兰以及其他地方同英格兰一样缺乏货币，以致牛的价钱只能是 1 便士，那么 1 便士的价值就会相当于现在的 5 先令，因为 1 便士在英格兰或其他地方所能购买到的商品量会与现在 5 先令所能购买到的商品量相等。

这一回答也适用于下面这种观点，即认为某一国家货币量的增加，会降低货币的价值，以致商品的价格将加倍。

假设英格兰的货币量和信贷额为1 500万，苏格兰的货币量和信贷额为 1 至 10，苏格兰的货币量增至 150 万，苏格兰和英格兰的需求成比例；在这种情况下，苏格兰货币量的增加，并不会使英格兰的货币价值降低。苏格兰商品的价钱将同英格兰商品的价钱相同，其中苏格兰农产品的价格也许将上升10%或20%，从而与英格兰农产品的价格相等；但所有制造品的价格却将下降，因为制造品的供给量将增加；由于人们可以较为容易地借到货币，所以所有商品都将以较低的价格进口，商人们可以做大买卖，有房地产的人可以从事贸易活动，可以按较低的利润率出售商品。而且，苏格兰土地的价格也不会比英格兰高，因为买者可以自己决定购买哪里的土地。如果登记处的担保较为可靠的话，土地的价格也许会增加相当于一年地租的金额。

如果某一国家的货币增加额超过该国在货币方面与欧洲其他国家保持的比例，那该国货币的价值也许会降低，或者用现在流行的话来说，商品的价格也许将上涨。但由于其他国家的货币价值也将以同一比例下降，因而尽管该国的币值降低，该国却可以获得很大的利益，因为该国可以得到货币供给量增加带来的全部利益。而只承担币值降低造成的一部分损失，承担多少要看该国的货币与欧洲其他国家的货币在数量上的比例。当西班牙人向欧洲输送货币或银块时，他们降低了货币的价值，但却由此而获利不少，因为他们得到了货币供给量增加带来的全部利益，而只承担了币值降低造成的一部分损失。

上面的论述证明了以下各点。第一，银币的价值是不稳定的，因为亲王陛下可以改变银币的成色或面值。从含有的白银量来说，现在的一克朗仅仅相当于150或200年前的半克朗即15便士。

第二，由于白银的价值下降，现在货币的价值仅仅是 200 年前的 1/5 或 1/10。那时拥有1 000镑的有钱人，要比拥有能够带来 240 查尔德粮食地租的地主富有。但若是现在，则前者的富裕程度还不及后者的 1/50。

第三，虽然白银的价值已下降了许多，但它作为货币或作为银块所具有的价值，仍比它作为金属所具有的价值高许多；一旦采用一种新的货币，白银的价值马上还会下降许多。

从目前欧洲的情况看，只有法国和西班牙出产白银，其他国家似乎必须采用一种新的货币。人们迄今未采用新货币的唯一原因，是人们尚未正确地理解货币的性质。如果人们理解了货币的性质，人们就不会再从西班牙以高于金属的价值购买白银，而会采用自己的更有价值、在各方面更符合货币要求的货币。

接受白银的人不应指望白银的价值会提高，因为白银只能用于现在这些用途，对它的需求不会有很大增加，白银的出口量和消费量也不会超过进口量。

如上所述，即使某一国家缺少白银，有钱人也不会因此而获得很大利益，因为，除非与该国有贸易往来的所有国家都缺少白银，否则该国货币的价值是不会比其他国家的货币价值高许多的。

有人宣称，西印度群岛的银矿有可能倒闭。散布这种消息的人，是要维持白银的价格，使西班牙人获利。如果这种消息是正确的，那法国就不应该参战了，因为根据分割条约，它可以得到那一君主国的任何有价值的地区。如果西印度群岛的银矿真的倒闭，我们就更应该采用新的货币了。

第　六　章

论 H.C. 博士向议会提出的建议。

本来我并没有打算提 C 博士的建议，因为该建议已委托一个委员会去审查。但某些人认为，C 博士的建议与我的建议相同，都是不可行的，所以我认为在这里有必要简单介绍一下 C 博士的建议，说明我与他的不同之点。

他建议发行以土地作抵押的票据，每年支付 2.25% 的利息，45 年偿清。这种票据具有同银币相等的价值，像银币那样在市面上流通。

如果按照这种方法发行的票据价值与银币相等，那么每个拥有土地的苏格兰人都会力图从中大捞一把，但我认为并不是每个拥有土地的人都会从中获利。

即使这项建议可行，这种票据的 45 年的收益也不值银币的 20 年的收益。

预期的收益是不会与当前的收益相等的。现在一年的地租将值 50 年后 15 年的地租，因为到那时放款收取利息将增加 15 倍。因此，即使议会发行这种票据，它也不会在市面上流通，就如同政府铸造重量和成色与几尼币相等的金币，而强使这种金币按 5 先令的价值流通那样。

根据 C 博士的建议，这种票据将在一定期限内得到偿还，不支付任何利息，只向政府有关当局支付管理费，这种费用是不会超过0.5%的。

在这种情况下，将会有许多放款者，而除了土地银行外几乎没有借款者，因为只有拥有土地的人才可以向拥有货币的人借款，只有他们能够偿还债务，只有他们有票据贷给别人。有钱人也会拥有这种票据贷给别人，但却不会有借款者。即使有人借款，这种票据对于他们的用处也很小。如果这种票据的利息为2%，则其价值将大大低于白银。

任何像货币那样在市面流通而其利息低于银币的东西，其价值也必然较低。

当人们可以在英格兰以6%的利率放款时，谁也不会在苏格兰以2%的利率放款。因此，100镑银币的收益等于300镑票据的收益，也就是说100镑白银将等于300镑票据。由于100镑白银产生的6镑收益是白银，而300镑票据产生的6镑收益是票据，而1镑白银值3镑票据，所以100镑白银产生的6镑利息，将等于900镑票据产生的18镑利息。

即使这种票据的偿还期为20年，利率为5%，或偿还期为10年，利率为10%，其价值也不会与白银相等，虽然差距没有偿还期为45年时那么大。

国家从C博士的建议中得到的好处是：虽然这种票据的价值低于银币，500镑票据仅等于100镑银币，但500镑票据终究还是使银币的数量增加了100镑，国家由此而得到了好处。

这种票据的价值比银币低多少，与其他国家的汇兑率就会提高多少。而且，如果商品价格保持不变，也就是说，如果商品不按票据与白银的价值差额而值较大数量的票据，则出口商品的价值就将下降，进口商品的价值就将上升。这一点在前面论述汇兑时已作了说明。

地主并不会从这种建议中得到什么好处，除非他欠有债务，因为，虽然他出售一定数量的粮食以前得到10镑银币，现在可以获得50镑票据，但这50镑票据的价值是同10镑白银相等的，所能购买到的国内外商品同10镑白银所能购买到的商品一样多。

如果地主以货币形式收取地租，那他将遭受巨大损失。这种票据的价值比白银低多少，他所得到的价值就比以前少多少。

欠有债务的地主可以用低于订约时的价值偿还债务，但债务人所得到的正是债权人所损失的。

C博士似乎对我插手这件事很恼火，宣称在这个题目上我从他那里有所剽窃。任何两个人都有可能提出完全相同的建议，但根据我的判断，我的建议同C博士的建议是不同的。在看到C博士的建议若干年以前我就已把自己的想法写出来了，如果有必要的话，我可以证明这一点，指出当时都有哪些有地位的人看过我的建议。就我所知，我并没有从C博士那里剽窃任何东西。的确，他的建议所依据的价值是土地，我的建议所依据的价值也是土地，如果仅仅因为这一理由就说我剽窃了他的建议，那苏格兰银行也是如此。实际上早在C博士的建议提出以前欧洲就有银行了，而在欧洲出现银行以前，就已有人著书论述过这个问题了。很久以前，人们放款就以土地作抵押，可继承的债券就等于一定数量的土地，因而我的建议的基础是同这些做法的历史一样悠久的。在土地这一基础之上可以提出各式各样的建议，究竟是C博士的建议较保险、有利和可行，还是我的建议较保险、有利和可行，还请议会明鉴。

C博士建议，通过预期使土地的价值等于50或100年的收益，他认为，连续10、50或100年每年支付100镑，就可以充分保证面额为1 000、5 000或10 000镑的票据所具有的价值，因为这种票据的价值将等于银币。假如C博士能够证明他的建议是可行的，那他的功绩将是很大的，拥有土地的人将因此而受益，拥有货币的人也不会受到亏待。前面已经说明，为什么我认为C博士的建议是行不通的。即使议会通过法令强使这种票据在市面上流通，其价值也会大大低于白银的价值。纵然这种票据的价值最初与白银相等，两种不同的货币的价值也不可能长期相等下去。

每样东西的价值均来自其用途，价值的大小取决于东西本身的质量、供给量和需求量。虽然不同种类的商品现在价值相等，但它们的价值将随着它们的质量、供给量和需求量的不均衡变化而变化。

在债务人既可以用银币偿债又可以用票据偿债的条件下，将是票据的价值取决于银币的价值，而不是银币的价值取决于票据的价值。因此，票据的价值必然随着银币价值的下跌而下跌，而且下跌的幅度可能更大；白银的价值可以高于票据的价值，但票据的价值却不能高于白银的价值。

我建议使土地的货币价值等于土地的价值，并等于银币的价值，从而其价值不会随着银币价值的下跌而下跌。

任何商品只要具有充当货币所必需的特性，就可以根据其价值的大小充当货币，假如5盎司黄金值20镑，则5盎司黄金就可以充当20镑货币。由于土地具有充当货币所必需的一切特性，因而,如果一英亩土地的地租为2博尔粮食,2博尔粮食的售价为8镑,土地的售价相当于20年的地租也就是20镑,那一英亩土地就可以充当20镑货币。但一英亩土地和5盎司黄金一样,都不能充当50镑货币。而且,虽然现在5盎司黄金、20镑银币和一英亩土地的价值相等,但情况却不会永远是这样,因为如上所述,这几样东西的质量、供给量和需求量的任何不均衡变化,都会使它们之间的交换比例发生变化。很显然,土地的价值很不容易发生变化,其价值会上升,但却不会大幅度下降;黄金或白银的价值则很容易受偶然事件的影响,因而其价值会下降,而不会大幅度上升。

第　七　章

鄙人的建议及其理由。

为了向国家供应货币,我谨建议,议会任命40名专员,组成一纸币管理委员会,直接向议会负责,由这些专员任命并领导自己手下的办事人员。

这些专员有权发行纸币,他们发行的纸币用于支付时人们必须接受。

任命一议会委员会来监督纸币的发行,纸币管理委员会的专员不得进入该委员会。

纸币管理委员会和监督委员会每年在降灵节和圣马丁节开会两次;它们各自的工作开始于每届任期前的10天,结束于每届任期后的10天。

我谨向议会提出三种发行纸币的方法，由议会鉴别哪种方法最稳妥。

1. 授权纸币管理委员会以普通利率贷放以土地担保的纸币，贷放额不超过土地价值的一半或2/3。

2. 按照土地的充足价值，也就是根据用银币计算的20年左右的地租收益，发行纸币。把担保的土地转让给纸币管理委员会，从而土地归纸币管理委员会所有。在一定期限内或期满时可以赎回担保的土地。

3. 按照土地的充足售价发行纸币，土地归纸币管理委员会所有，不能被赎回。

任何人只要向纸币管理委员会付足款项，便可以获得转让给该委员会的债券、土地或房产。

纸币管理委员会只接受自己发行的纸币，不接受其他任何货币。

不得强迫任何已经订约接受纸币的人接受银币或其他金属货币。

纸币管理委员会每次最多发行50 000镑纸币，只要有25 000镑库存纸币，就不能另外发行纸币。

纸币管理委员会发行的纸币量在一年半内不得随意变动，一年半以后，若下届议会不加以限制，可以根据需求的变化决定发行量。

凡想从纸币管理委员会那里得到纸币的人，必须在每届任期开始前的一个月通知所需要的数额并出具可以用来担保的土地所有权证书；凡想支还纸币的人，必须在每届任期开始前的10天通知该委员会。

每届纸币管理委员会必须公布所发行的纸币额、借贷情况以及所发行的不同纸币的最大编号。

任何人只要发现两张编号相同的纸币，或发现一张编号大于公布号数的纸币，都可以获得 100 镑的奖赏。

纸币管理委员会领导下的常设办事人员掌管20 000镑纸币，负责兑换业务。

任何议会议员都可以检查纸币管理委员会的工作。

纸币管理委员会发行纸币、放款和转让所有权等项业务活动，一律在降灵节和圣马丁节进行，届时必须有 20 名纸币管理委员会的专员和 1/3 的监督委员会委员出席。

纸币管理委员会的收入中，超过管理费和损失赔偿费的部分，一律以退税的方式用于奖励国家的出口和制造业。

纸币的价值最多只能比银币的价值高 10%，以使订约用纸币付款的人在得不到纸币的情况下知道该付多少银币。

议会应作出这样的决议，即议会每次开会首先应讨论国内的货币供应情况，如果发现情况对国家不利，可以决定增发纸币或收回一部分纸币。

纸币发行条例颁布 3 个月后，苏格兰货币和外国货币都应降低到英格兰的水平。英格兰克朗降低到 60 便士，其他货币按照所含白银的多寡相应降低。40 便士币降低到 38 便士，新马克降低到 $13\frac{1}{3}$便士，旧马克根据所含白银的重量相应降低，杜卡东降低到 68 便士，元根据所含白银的重量相应降低，几尼的流通价值不超过 22 先令。

4 个月之后，除了英格兰硬币外，支付中既不接受苏格兰硬币（纸币发行条例颁布后铸造的硬币除外），也不接受外国硬币，这些硬币只能当作生银卖给造币厂。

凡向造币厂出售旧硬币或银块的人，都将从造币厂得到足值的新硬币，它们分别是 12 便士币、6 便士币和 3 便士币，成色为 11 德涅，12 便士币的重量为 3 德罗波（drops）[①] 3 格令，其他硬币的重量与此成比例。铸币费从专门为此而设立的基金中支付。

纸币发行条例颁布后的三个月内，新硬币的流通价值分别为 13 便士、6 $\frac{1}{2}$便士和 3 $\frac{1}{4}$便士。

3 个月以后，成色为 11 德涅的银块和银器每盎司的售价为 5 先令 2 便士，每盎司黄金的售价为 5 镑。

我建议发行的纸币的价值将同白银相等，因为它有土地担保，而担保的土地所能换得的银币额同纸币所能换得的银币额相等。很显然，如果有人遭受损失，管理委员会只要动用 1/4 的收入，便足以赔偿损失而有余。

这种纸币将不像银币那样不断跌价。商品或货币之所以跌价，是因为供给量增加或需求量减少的缘故。纸币管理委员会将根据需求的变化发行或收回纸币，因而纸币的价值将保持不变，市面上流通的纸币量将总是和需求量相等，不多也不少。

如果规定用纸币偿还的债务可以用银币来偿还，那么纸币的

① 苏格兰的旧重量单位，等于 1/16 盎司。——译者

价值就不会上升到银币以上，而会随着银币价值的下跌而下跌。不过，由于纸币是不同于白银的一种货币，所以它的价值不像银币那么易变。

虽然市面上需要多少货币议会就可以下令发行多少货币，但议会却无从知道国家对银币的确切需求额。如果银币的供给量少于需求量，土地所有者就会遭受损失，因为100镑银币的价值会因此而提高，从而可以从土地所有者那里买到较多的商品。如果银币的供给量大于需求量，货币所有者就会遭受损失，因为100镑银币的价值会因此而下降，从而所能购买到的商品量将减少。

如果有人提供可靠的担保品要求得到货币而纸币管理委员会拒绝给予货币，那遭到拒绝的人便会陷入困境，国家也会遭受损失，因为，借钱人是不会把借到的钱保存起来的，而如果货币得到使用，即便使用者遭受损失，也会给国家带来利益。

如果纸币管理委员会不接受退还的货币，货币所有者就会陷入困境，因为他拥有货币而不知道怎样使用；在这种情况下，供给量将大于需求量，货币的价值将下降。

根据我提出的方法，货币的供给量将永远等于需求量，因而货币的价值将保持不变，50年以后所能购买到的商品量将和现在一样，除非商品的价值因其自身的供给与需求变化而发生变化。

假设200年前就建立了纸币管理委员会，那时土地的价值以14年的租金计算，放款利率为10%，每查尔德粮食的价格为8先令4便士，并以土地担保发行纸币。那么，那时的8先令4便士纸币就将相当于现在的1查尔德粮食，相当于现在的8镑6先令4便士银币，因为银币供给量的增加大于需求量的增加，面值也一再被改变，其价值将下降为200年前的1/20。土地所有者出售粮食所获得的报酬也不会减少，因为纸币所能购买到的商品量将是银币的20倍。

土地同其他商品相比价值较为稳定，因为土地的供给量不会增加，而所有其他商品的供给量却有可能增加。随着习俗的变化，人们会不使用某些商品而使用另一些商品。例如，人们可以不再用燕麦做面包，而用小麦做面包，不再用白银做货币，而以土地担保发行货币，不再用白银做餐具或其他东西，而使用其他金属或更合适的合金。在上述情况下，随着用途的减少，商品的价值将降低。但土地的用途却不会减少，一切东西部产自土地，人们可以根据需要在土地上生产不同的东西，因而土地的价值必然保持不变。假设小麦使用较多，燕麦使用较少，由于土地既可以用来生产小麦又可以用来生产燕麦，所以人们将利用土地来生产用途最广、价值最高的东西。

这种货币不会因为本身是货币而价值有所增加，因而接受者肯定不会遭受损失，虽然一定期限以后它便不再是货币。土地由于充当发行货币的担保品，其价值会增加，但增加额不会大于白银价值的增加额，因为，虽然土地被当作发行货币的担保品，但它的其他用途却没有因此而减少，而白银却不可能既充当货币又当餐具使用。不过，由于土地的供给量要大于充当货币担保品的需要量，所以土地增加的价值不会大于银币增加的价值。

假设土地增加的价值为其自身价值的1/4，土地的价值相当于20年的地租，那么价值增加后土地的价值就相当于25年的地租。即使国会收回纸币，那些拥有纸币的人也不会遭受损失，尽管土地会丧失增加的价值，因为纸币的价值是同土地本身的价值(该价值中不包括因为充当担保品而增加的价值)相等的。而如果不再用白银充当货币，则拥有白银的人就会遭受一半或 2/3 的损失，因为白银的价值将降低到它作为金属的价值。

由此可见，我所建议发行的这种纸币，其价值要比白银稳定，它并没有因为充当货币而价值有所增加，它的价值不易变化，是因为其供给和需求是共同增减的。所以，这种纸币要比银币更加适于充当衡量商品价值的尺度，更加适于充当交换商品和偿付契约的价值。

货币所必须具备的其他特性是：

1. 易于转让。

2. 两地之间的价值相同。

3. 保存不会遭受损失，也无需支付费用。

4. 分割不会遭受损失。

5. 可以加盖印记。

纸币比白银在更大的程度上具有这些特性。

1. 纸币更易于转手；500 镑纸币比 5 镑银币支付起来更为迅速。

2. 由于更加易于运输，纸币在两地之间的价值也就更加接近。

3. 纸币所占的面积较小，更加易于保存。由于可以向管理当局兑换，因而保存纸币不会遭受损失。消费纸币要比消费白银节省价值，消费纸币会给管理当局带来损失，而消费白银却会给白银所有者带来损失。

4. 分割纸币不会招致损失，因为人们可以拿面额较大的纸币向管理当局换取面额较小的货币。

5. 纸币可以加盖印记，不容易伪造。

大多数贸易国的实践证明，假如纸具有价值的话，它要比白银更加适于充当货币。在荷兰，人们以白银作担保品，把纸当作货币。而根据上面的论述，很显然，在充当担保品方面，土地要比白银具有更加稳定的价值。在英格兰，银行建立起来以前，人们在支付中宁愿接受金匠券，而不愿接受黄金或白银，这就表明，纸币要比黄金或白银更加具有充当货币所必需的一切特性，以至于可以抵消金匠破产的危险（尽管金匠时常破产）。洛克先生在《论降低利息和提高货币价值的后果》一书的第 7 页上说，金匠只凭他一张票据（通常只是由他的一个手下人签字的一张字据）居然一次得到110 多万镑的信贷。

在苏格兰，市面上也流通银行券，尽管银行并没有货币储备，接受银行券与否完全是自愿的。我所建议发行的纸币则具有可靠的担保品，纸币管理委员会要比苏格兰银行或任何其他私人银行更加安全可靠，更能令人满意，因为该委员会的事务较为公开，发行纸币没有任何私利，而且不像银行那样因为出售股份而易于遭受风险。

根据我的建议，将由议会任命纸币管理委员会的专员，后者直接对议会负责；该委员会只具有很小的信用，只要库存有25 000镑纸币，就不能再发行纸币；将由议会任命一个委员会来检查纸币管理委员会的工作，任何议员都有权检查纸币管理委员会的账目，纸币管理委员会的账目将予以公布；在上述条件下，如果仍有人怀疑纸币管理委员会的作用，那就确实叫人感到奇怪了。

虽然苏格兰银行没有任何库存货币，但其银行券却在自愿接受的基础上在市面上流通；所以有理由认为，我所建议发行的那种纸币也会在市面上流通；尽管是法律使它在市面上流通的，但其价值却不会因此而降低。握有苏格兰银行券的人，并不知道苏格兰银行是否能够保证兑现，债权人也有可能拒绝接受银行券，因此，同强制性流通相比，自愿性流通更加没有保证。

由于银币的价值每隔 3 个月便降低 8% 至 9%，又由于苏格兰银行券（这种银行券也是纸做的，所依靠的也是为此而设立的基金）能以普通利率流通，尽管持有这种货币的人在接受时对其可靠性没有把握，也拿不准债权人是否会接受这种货币，所以，我们有理由认为，人们将更加喜欢纸币，而不是更加喜欢银币。

有人也许会反驳说，纸币所以会流通，是因为一经要求或在一特定时间可以兑换成白银。

这种说法很有道理，但却不适用于我们现在讨论的情况。苏格兰银行发行的那种纸币的担保品是白银，而我现在提议发行的纸币的担保品则是土地。后一种纸币不比其他商品同黄金或白银有更多的关系。完全可以这样说，人们不愿意出售商品来换取 100 镑纸币，因为人们不知道半年以后白银的价格是否上涨，用这 100 镑纸币是否还能购买到与半年以前数量相同的白银；也完全可以这样说，人们将不愿意出售商品来换取 100 镑银币，因为人们不知道半年以后酒的价格是否上涨，用这 100 镑银币是否还能购买到与半年以前数量相同的酒。

4 克朗银币铸造时虽然与 1 几尼金币相等，却买不到 1 几尼金币，所能买到的商品也不到200年前的1/10，可是白银却被当作价值，用来签订契约，尽管其价值每年都在下降，其因为充当货币而获得的价值同当初签订契约时相比也将降低1/3强。而我建议发行的那种纸币的价值却将保持不变，其供给的增减将取决于需求的增减，不仅如此，作为担保品的土地，其价值将与所发行的纸币相等，而且还会有所提高。

人们有充足的理由对银币提出异议，因为银币的价值比其他商品的价值下降得快，很快就会降低到其作为金属所具有的价值。

我建议发行的那种纸币，其价值是不变的：纸币要使自身的价值相对于大量其他商品而言保持不变，就要具有其他商品所没有的特性，因为纸币的价值保持不变取决于其他商品价值的变化。同银币相比，我建议发行的那种纸币具有更可靠的价值，在更大得多的程度上具有货币所必需的所有其他特性，并具有白银不具备的一些特性，比迄今所知道的任何其他东西更容易做成货币。土地是最有价值的东西，其价值要比其他商品的价值更经常地提高；所以，很显然，以土地作担保的纸币，其价值不仅将与其他商品的价值保持相等，而且还将上升，以致高于其他商品的价值。

因为苏格兰极度缺乏白银，而白银长期以来被当作货币，人们又很想得到白银，所以看来必须把白银的价格限制在每盎司5先令2便士的水平上。但是，如果流入欧洲的白银量大于出口量或消费量，白银的价值很快就会低于纸币的价值。

假设有这样一个岛屿，这个岛屿归某人所有，岛上有100户佃农，每户佃农10口人，共计1 000人。这1 000人在岛上劳作，一部分人种植谷物，一部分人放养牲畜。除了佃农及其家属外，还有

300个靠施舍过活的穷人和懒人。岛上没有货币，地租以实物支付。假如某一佃农在一种产品上有剩余而缺少另一种产品，那他就会与其邻人进行物物交换。

该岛上的居民对制造业一无所知；岛上物产丰富，不仅能够满足居民的消费需要，而且还有剩余，可用来同大陆交换布匹以及其他所需要的商品。但是，这种剩余所能换回的商品量刚刚够每年消费之用，因而无论是国内产品还是国外产品，都没有储备来应付灾年，也没有武器，弹药等储备来进行防卫。

我向这个岛的主人建议、如果发行货币向劳动者支付工资的话，那300个穷人就会被雇用来加工出口的农产品；而且，由于耕种土地的那1 000人有一半时间无事可干，因而他们也会得到雇用，也就是说等于额外增加了500个劳力、他们将生产出一部分以前从大陆进口的商品，从而将减少进口，并将把出口额增加2—3倍、由此而获得的收入将使他们得到的外国商品量超出消费量，从而能有所储备。

我建议以如下方式发行货币。由岛的主人印制纸币，编号为1、2，等等；4张纸币等于一定数量的谷物。只要4张纸币能够购买到规定数量的谷物，穷人和其他劳动者就会乐于接受纸币，把它作为一天劳动的工资；其原因是，既然可以拿谷物同其他商品作物物交换，那么4张纸币也就可以购买到与那一规定数量的谷物等值的任何其他商品。

该岛的主人为了使4张纸币等于规定数量的谷物，可以把佃农召集到一起，告诉他们今后将收取纸币地租，以纸币续订租约，也就是说，如果应缴纳的规定数量的谷物为100，则佃农就必须支付 400 张纸币。缴纳给主人的其他实物的价值，按照与谷物交换的价值计算，一切租约都用纸币来签订。

岛的主人发行的货币量将与每年的地租额相等，凡是愿意工作的人都将得到雇用，其劳动的价格将用纸币支付。佃农用谷物或所拥有的任何其他商品来换取工人的纸币，主人将收取纸币地租。但是，由于假设工人的消费额仅仅等于两张纸币，因而佃农无法得到主人发行的全部纸币，结果也就没有足够多的纸币来支付地租。假如不想办法补救这种情况的话，由于剩下的纸币掌握在工人手里，而他们又不需要从佃农那里得到更多的商品，于是乎纸币的价值就将上涨。为了防止出现这种情况，岛的主人可以发行更多的纸币，从而把欧洲大陆上的一部分穷人和懒人吸引到岛上来，增加消费量，由此佃农便有能力支付契约规定的地租。人口增加对该岛是有好处的，因为这将增加该岛的力量，相对于消费而言，劳动的价值也将倍增。

这种货币虽然只是因为主人允许用它来支付地租而具有价值，但人们却认为它相当于以前缴纳的农产品。

假定该岛的主人用土地来担保土地的价值，具体方法是：每英亩土地的地租为 100 张纸币，按 20 年的地租计算，每英亩土地价值2 000张纸币，人们可以按这一价格买卖土地。既然纸币不仅可以购买农产品，而且还可以按合理价格购买土地，那么又有谁不接受它或不用它签订契约呢？

货币并不是用来换取商品的，而是用来充当商品交换的价值尺度。货币的用途是购买商品，因而充当货币的白银没有任何其他用处。

尽管白银是人生产出来的产品，但它却不像土地那样适于充当货币。土地生产出各种东西，而白银仅仅是许许多多产品中的一种。土地的数量不会增减，而白银或任何其他产品的数量则会增减。所以，土地的价值比白银或任何其他商品都可靠。

土地可以改良，对土地的需求有可能增加，因而其价值有可能上升。白银的用途则不可能再增加，其需求不会超过供给。

土地不会丧失其任何用途，因而其价值也就不会降低；白银则可能不像现在这样充当货币，因而其价值有可能降低到其作为金属所具有的价值。

白银还可能丧失其作为金属的一部分用途。由于其他商品可以取代白银的一些用途，因而它必然丧失其作为金属的一部分价值。但是，土地的用途却不会被任何其他商品所取代。

土地可由纸币来代表，从而同白银相比，在更大的程度上具有货币所必需的其他特性。

土地还具有白银所没有的一些适于充当货币的特性。

土地在充当货币的同时，不会丧失任何其他用途，而白银充当货币，就不能再作为金属用于其他方面。

贸易和货币是相互依赖的；贸易衰落，货币便减少，货币减少，贸易便衰落。实力和财富就是人口，以及所拥有的住宅和外国商品；这些都取决于贸易，而贸易又取决于货币。所以，贸易和货币是互为因果的，一方对另一方有直接的影响，也就是说，其中任何一方遭到损害，两者都必然受到影响，因而实力和财富是不稳定的。

如果发行这样一种货币，这种货币不具有内在价值，其外在价值不会被输出，国内对它的需求量也不会减少，则财富和实力就将得到保持，不稳定性就将减少。由于货币将不会直接或间接地减少，因而贸易也就不会因货币减少而衰落。在这种情况下，该国的实力和财富只会因贸易受到直接损害而遭受威胁。

我建议发行的纸币，其供给与需求将永远相等，因而人们将得到雇用，国家的经济状况将得到改善，制造业将得到发展，国内外贸易将得以进行，财富和实力将得到保持。既然这种货币不会被输出，人们也就不会无事可干，财富和实力的不稳定性也就较少。

所以很显然，土地要比白银更适于充当货币，而且就充当货币而言要比白银更可取，尽管苏格兰出产白银，其原因是：土地的价值更加可靠，土地在更大的程度上具有货币所必需的特性，而且还具有白银所没有的一些特性。因此，土地更适于充当估价商品的一般尺度，人们根据这一尺度来交换商品和签订契约。

如果2 000镑纸币等于价值2 000镑银币的土地，那么这2 000镑纸币就等于2 000镑银币。

可以购买土地的东西，将能够购买土地所出产的所有东西，而可以购买土地产品的东西，则能够购买所有其他国内外商品。假设一商人从法国购买来一些酒，他想用卖酒的钱买东西，放款或购买土地，而货币管理委员会不接受银币，许多土地所有者因为要用纸币向货币管理委员会偿还借款，在出售商品或土地时也不接受银币，在这种情况下，除非这个商人支付纸币，否则他不会从货币管理委员会那里得到一张债券。所以，这个商人在出售法国酒时将乐于接受纸币，因为纸币与银币的价值相等，纸币能够购买到商品、债券或土地，而银币却不行。

上面的论述都假定，白银和土地一样适于充当货币。但实际上，白银的价值是不可靠的，其现有的价值要比其作为金属的价值高许多，而且它不像纸币那样具有货币所必须具备的所有特性，即使具有，也不如纸币具有的程度高。因此，纸币比银币更可取。

有人会说，虽然有可靠担保品的纸币会在国内流通，但它在国外的价值却不会等于它在苏格兰的价值。

苏格兰商品的价值，永远等于相同种类和质量的国外商品的价值，因而能在苏格兰购买商品的纸币，也能在其他地方购买商品或货币。如果1 000镑的哔叽呢和亚麻布扣除所有费用后在国外值1 300镑，那么出口这些货物的商人花1 000镑就会得到1 300镑。

一个国家发行一种货币时，如果这种货币具有名副其实的价值，并具有货币所必须具备的所有其他特性，该国就不必考虑这种货币在其他国家具有多高的价值。另一方面，由于每个国家都力图通过法律保持其货币，因而如果某个国家能够发行一种在国外没有价值的货币，那么该国也就做到了其他国家通过法律没有做到的事。

哪个国家也不会因为其他国家使用白银而保有白银，各国保有白银是因为其他东西没有白银可靠和方便。国家之间的贸易是通过交换商品进行的。如果一个商人输出的货物少，输进的货物多，那在国外必然有一个输出多输入少的人向他供给货币，其原因是，如果在国外没有结余款项，则那个想输入大于输出的人就会受到限制，其输入就只能等于输出，而这正是许多管制贸易的法律力图做到的。

有人不同意这种看法，说我们必须从某些不输入我国商品的国家输入商品。法国不准输出货币，也不准任何船只输入货物，除非与进口货物等值的法国货物从同一港口输往外国。根据法律，我国的货币也禁止输出。我认为，以法国和我国作为例子不合适，下面我将举一个比较能说明问题的例子。假设我国的货币在国外没有价值，我们需要丹麦的某些货物，而丹麦不需要我国的任何货物。由于我们需要丹麦的某些货物，这些货物在我国就比另一些需要程度不那么高的货物价值高；卖给其他国家的苏格兰商品的价值，将以丹麦所接受的商品形式，或以外币的形式，运往丹麦，而我们所需要的丹麦商品也将运往我国。因为同直接从我国购买出口商品的国家输入商品相比，商人由此可以赚得更大的利润。

由此而增加的货币，将使现在无活可干的人得到雇用，使已经有工作的人收入增加，从而总产量将增加，制造业将得到发展。如果我国的消费量保持不变，则出口量将增加，将出现顺差。由于汇兑率取决于贸易差额，因而我国的纸币将等于国外较大数量的银币。

假设苏格兰的年产值为 150 万，英格兰的年产值为4 000万，也就是说苏格兰的年产值仅为英格兰的 1/28。但按土地的数量和质量以及人口的多寡而论，苏格兰则是英格兰的 1/6。假如有货币雇用人工作，则我们在年产值上也应该是苏格兰的 1/6，因为我们享有一些独特的有利条件，足以抵偿英格兰在殖民和东印度贸易方面享有的有利条件。

英格兰通过增加货币量，其经济状况的改善不会像我们那么大。用土地充当货币，我们可以使货币供给量等于需求量。因而我国经济状况改善的程度可以超过 1∶6 这一比例。但是，如果货币量增加后，我国同英格兰相比，经济状况改善的程度仅为1∶13，则我国的年产值将为300万，相同人口的消费量将不到英格兰的一半；如果消费量保持现在的水平，则相对于英格兰而言，苏格兰的贸易顺差将增加。

一些人也许认为，要使我国的年产值增加这么多纯属不切实际的空想，我只希望这些人看一看充足的货币在其他地方产生了什么样的结果。在英格兰，货币增加，年产值也增加；货币减少，年产值也减少。

我相信，我所建议发行的那种纸币由于供给量与需求量相等，将使苏格兰的年产值增加到300万，如果把渔业和其他贸易部门（货币量的增加将使这些部门得到很大改善）考虑在内，增加幅度会更大。但假定年产值仅增加50万，其中1/4用于增加本国农产品和制造品的消费量，1/4用于增加外国商品的消费量和国外开支，1/4用来储存外国商品，1/4为贸易顺差，以白银形式运回国。

假设消费和开支的增加额等于或大于经济状况的改善程度；由于纸币不能输出，因而人们不会无事可做，制造业也不会衰落，因为这种纸币就如同是所继承的不动产。我们可以继续使消费量等于年产值，但却不能降低年产值，也不能使生活水平降低。

如果商品输入额大于输出额，以信贷形式支付差额，则外国人下一年输出的商品额就将减少。同贸易顺差一样，贸易逆差也将限制我们对本国商品和外国商品的消费。

货币管理委员会的收入将极大地促进我国刚刚发展起来的对外贸易。出口贸易的发展，将促进制造业的发展。以退税的形式提供的奖励金不仅将促进出口和制造业，而且还将使我国商品恢复以前的声誉，并使它们享有高于他国商品的声誉。

并不是所有商品都有权享受退税待遇，有权享受这一待遇的只是在国外不能赚得合理利润的商品，而且附带有这样的条件，它们的供应必须充分。

凡享受退税待遇的商品，都应加盖退税管理局的章；受托管理退税的人，应保证，如果享受退税待遇的商品供应不足，他将支付这些商品的价格及一切费用。

工业和贸易蓬勃发展时，土地所有者的地租很好收，并将有所提高；工业和贸易衰落时，地租则不好收，并将有所下降。以退税的形式提供奖励金可以有效地促进制造业和贸易的发展。只要需要，土地所有者宁愿纳税，也不愿取消退税。

我国之所以比其他国家更需要以退税的形式提供奖励金，是因为我国的制造业没有其他国家发达，我国的商品没有其他国家的商品出卖后得到的利润高，我国的存货要比其他国家的存货少得多；我国商品的质量常受到怀疑，以致人们宁愿购买其他国家的商品而不购买我国的商品。

有人不同意我的建议，说它太新颖，别国还没有实行过。

别国不应成为我国盲目仿效的对象，即它们采取什么措施我们也采取什么措施，我们应看一看这些措施究竟给它们带来了好处还是带来了坏处，我们的情况是不是与它们的情况大不相同，以致对它们有利的措施对我们则是有害和无效的。另一方面，说某一项建议新颖，还没有实行过，也不能成为反对一项好建议的理由。

别国实行某项建议，是因为它们推断出这项建议会带来好处；拒绝某项建议，是因为推断出这项建议会带来害处。因此，英明的国家不应被其他国家所左右，不应盲目效法或拒绝。

我的建议并未遭到拒绝，目前法国实行的实质上就是我的建议，即颁布法律来使纸币在市面上流通，尽管法国采取的一些措施显然阻碍了纸币的流通，但据说在那里纸币和白银、黄金一样，可用来购买外国汇票。

就货币而言，各国并未按某一确定无疑的原则行事。如第 25 页所述，一些国家与另一些国家采取的方法正好相反，即使同一国家在两个相隔很近的时期也常常采取相反的方法，这并不是因为情况发生了变化，而是因为人们认为，既然所采用的方法未奏效，那么相反的方法也许会奏效。有充足的理由认为，人们尚未正确理解货币的性质。

我所听说的反对该建议的理由，都是能被彻底驳倒的，就我能力所及，我还未发现任何不能被彻底驳倒的反对意见，也未发现任何实施该建议所克服不了的困难。如果我的建议有缺陷或可能带来坏结果的话，那也是我无力发现的。

第　八　章

尽管我国具有有利的自然条件，但经济发展水平却很低。

荷兰在贸易方面享有的有利条件是，它位于德国各条河流的入口处，也就是靠近开展大宗贸易的河道。

荷兰不利的自然条件是:国土狭小;土地贫瘠,作物生长困难;矿物资源贫乏;冬季漫长,气候恶劣;沼泽遍布,土质湿软,在建房打地基,修筑和保养道路方面费用很大,而且每年还要花巨款开沟排水;海岸险峻,进入内河困难,一方面要守卫漫长的海岸线,另一方面要防备陆地上强大的邻国;赋税沉重;以及种种其他不利条件带来的后果。

然而,荷兰人充分利用自己有限的有利条件,已成为富裕、强大的民族。荷兰之所以会富裕强大,原因之一是其政府很早就保护和奖励贸易;其人民享有信仰不同宗教的自由;外国人在荷兰可以自由经商;荷兰的统治者在经济活动方面为其臣民树立了良好榜样;不过主要原因还是其他国家忽视贸易,特别是西班牙忽视贸易,使佛兰德人及其贸易转移到了荷兰。

在贸易方面,苏格兰享有许多有利的自然条件:国土辽阔;疆土易保;人口充足;气候宜人;矿产丰富;地理位置优越,适于在东部和西部开展贸易活动;靠近开展大宗贸易的河道;海岸平坦,进入内河比较容易;江河湖海鱼虾充溢。

但是,对我们来说,众多的人口和极为丰富的资源却成了沉重的负担。土地未得到改良,农产品未得到加工,渔业和开展对外贸易的其他有利条件被忽视。一般认为,造成这种状况的原因是,我们天生就懒惰,就不老实。

如果不老实和懒惰是天生的,那它们就应该是全人类所共有的,或某一民族所特有的,就应该是荷兰人而不是我们不老实和懒惰,因为荷兰的气候比我们恶劣,更容易使人懒惰,荷兰不出产借以养活其居民的产品,会迫使其居民劫掠或欺骗邻国人,或者自己人互劫掠或欺骗。不过，把懒惰和不老实看作是罪恶，是贫困造成的后果，而贫困是政府管理不善造成的后果，这要更合理一些。假如我们采取荷兰所采取的那种鼓励贸易的措施，我们本来是会成为比荷兰还要强大和富裕的国家的。假如西班牙、法国和英国，或它们当中的任何一个国家，很早就致力于发展贸易，并采取荷兰所采取的那种措施，则荷兰这块土地上本来是不会有人居住的。但是，由于荷兰很早便致力于发展贸易，而其他国家采取了错误的政策，荷兰已贮积了大量养活其居民和保卫其疆土所必需的货物，贮积了大量可以卖给其他国家的商品和从事海运的物资，并贮积了大量白银，由于充当货币的白银所具有的价值高于作为金属的白银，因而很显然，只要白银被当作货币，则荷兰人由于拥有大量白银，由于经济很发达，就可以按低于其他国家的价格出售其商品。在上面这种情况下，尽管荷兰的自然条件很差，很难加以利用，尽管其他国家享有比较有利的自然条件，但荷兰却将保持其在贸易方面，从而在实力方面的优势地位。

苏格兰要比任何其他欧洲国家更有能力发展贸易，但其经济发展水平却很低。贸易不断衰落；国家贮备日益减少；越来越多的人迁居他国；地租被拖欠；城镇中的房屋和乡村的农场被退还给了所有者；债权人无法靠利息过活；债务人被控告，房地产被扣押。

土地所有者出租其土地来换取一种硬币，而这种硬币的质量如何他无权过问，他没有任何其他选择。按照法律，他完全受债权人的摆布，其土地的售价将等于所能换得的那种硬币的数量。如果有两三个货币所有者收回其货币，以迫使其债务人按他们左右的价格出售土地，则土地的价格就有可能降低到 15 或 10 年的地租收益。因为他们收债时不接受债券，谁也无法用债券买东西。

假如粮食短缺，由于我们没有商品或货币供出口来换取谷物，所以只有一部分人能维持生活；富人仍有饭吃，而社会离不开的那部分人即劳动者将不得不挨饿或移居他国。他们在英格兰也不会过得更好，其原因是，英格兰由于缺少货币，许多人无活儿可干，因而就业机会已经少于要求就业的人了。在这种情况下，我国移居到那里的人，至少就其中的大多数人而言，其命运将和他们所力图逃避的命运相同。

土地所有者将要人们耕种土地，他们也许将为自己及家人获得衣食；但那些债权人则很可能什么也得不到，因为，既然情况普遍是这样，而土地所有者的政党又比较强大，他们就不会容忍自己的自由和土地被人剥夺。而且，尽管可以执行法律，土地所有者的土地被拍卖，但由于几乎没有购买者，土地价格下跌的幅度将很小。假设土地在债权人之间的售价为 15 年的地租收益或更少；但其实际售价则将较高，因为找不到人耕种。由此可见，许多人将遭受损失，谁也不会受益。

即使上述两种情况都不发生，我国也不能很好地维持现状。如果不重视现在的机会，如果采取错误的或无效的措施，我国将很可能陷入混乱。机不可失，时不再来。

有人提议采取以下措施来弥补货币之不足：提高币值或降低货币成色，把银器铸成硬币，或者控制贸易。人们认为，采取其中任何一项措施，都会使我们摆脱目前的困境。然而仔细研究一下就会发现，不管处于什么情况，提高币值或降低货币成色不仅不会使我国摆脱困境，反而会使我国遭受损害。另几项措施也不会产生任何结果。

有人认为，去年我国的进口额和国外开支超过出口额很多，因而要使贸易差额平衡，我们就必须减少进口，减少额仅仅等于去年多输出的货币额是不够的，必须大大超过去年多输出的货币额，其原因是，货币减少和银行不增发货币，将降低年产值。所以，虽然把银器铸成硬币并控制贸易有可能扭转贸易逆差，但这两项措施恐怕是不可行的，其原因前面已经说明了。不管这些措施能起多大作用，在控制进口的时候，我们也应注意不要因此而妨碍我国商品在外国的销售，因为如果不考虑到这一点，市场的丧失给我们带来的损失将大于减少进口给我们带来的利益。即使考虑得很周全，也不应期望这些措施会使我们得救，它们至多只会使我们维持现状，国内仍是一团糟，在国外继续受排挤。

大多数人认为，缺少货币完全是贸易逆差造成的结果，其实缺少货币既是结果又是原因，扭转逆差的有效方法是增加货币。

根据以前的计算，我国有穷人 20 万；虽然当时的人口比现在多，但是现在我国穷人的人数却不会少于当时的数字。让我们假设仅有 10 万穷人，增加货币后，其中 5 万人受到雇用，并假设只雇用半年，工人的工资为 3 便士，工人的劳动给雇主带来 3 便士价值，工人的消费比现在多 1 便士。在这种情况下，我国的年产值将增加189 583镑 6 先令 8 便士。

假设珀思和斯特林两个地方的人有价值两万镑的剩余亚麻布、哔叽和其他制造品，出口这些商品可以带来 20% 或 30% 的利润，但由于商品分散在许许多多的人手里，在国外又没有值得信赖的代理商，货主无法输出这些商品。即使有人乐于接受这一利润率，不怕麻烦，肯冒风险输出这些商品，但由于缺少货币，尽管他们有可靠的担保品，他们也借不到钱；而且，他们也不可能从那么多陌生人手里赊购商品。如果能够赊购，则珀思和斯特林两个地方的人就会无活儿可干，直到赊购的人从国外带回收入还清借款为止。由此可见，因为缺少作交易所必需的货币，商品的价值下跌，制造业衰落。

无人确切知道，多少货币可以满足国家的需要，因为随着制造业和贸易的发展，对货币的需求也将增加；不过，既然我国总有许许多多穷人，我国的货币就永远不够用。

据计算，英格兰拥有价值1 400万镑的黄金和白银，与此同时还拥有大量纸币；可是英格兰却一直没有足够多的货币使所有人都得到雇用，即使有5 000万镑货币，英格兰的境况也不会得到最大限度的改善。即使所有人都得到了雇用并发挥了最大才能，增加货币也会把其他国家的人吸引来。虽然荷兰国土的面积较小，人口较少，但由于它拥有大量货币，它在各次欧洲战争中发挥的作用，却数倍于英格兰，尽管荷兰没有英格兰所具有的那种从事贸易的有利条件。由此可见，如果有两个条件相同的国家，其中一个能使货币的供给等于需求，另一个货币的供给少于需求，则前者就一定比后者强大。

如果提供给一国人民的货币量大于需求量，则货币的价值将下跌，但如果供给量刚好等于需求量，它的价值就不会下跌。

就目前我国的状况而言，也许三四十万镑货币就大于需求了；但随着贸易和制造业的发展，对货币的需求将不断增加。

我提出的向国家供应货币的建议，可以归结为下面一段话。

如果一块地租为 100 镑的土地价值2 000镑银币，这块土地可以通过纸币来转让，这种纸币可以分割，那么，就可以把这块土地当作2 000镑流通货币，任何接受这种纸币的人所得到的价值，就等于相同数额的银币所具有的现行价值。就这块土地而言，如果按 15 年的地租收益发行纸币，则这种纸币的价值就将高于白银的价值。因为1 500镑纸币将能买到价值2 000镑银币的土地。如果按 25 年的地租收益发行纸币，则这种纸币的价值将低于白银的价值，因为2 000镑银币将能买到价值2 500镑纸币的土地。

既然发行土地币是切实可行的，限制人民勤勉劳动的做法就是没有道理的，就不应使人民的勤勉取决于一种我们无力控制而受敌人摆布的硬币，而不使用我们自己的、在各方面更合格的货币。

极度缺乏货币使我国陷入了以下困境：

1. 土地价值下跌，地租被拖欠，农场被退还给所有者，债务人被控告，房地产被扣押，被要求用一种国内非常缺乏的货币还债。

2. 货币所有者因为货币的价值不稳定而要承担很大风险，万一货币所有者破产，经济将有可能陷入混乱。

3. 贸易活动很少，以致许多靠做生意为生的人正在挨饿或被迫移居他国。

4. 其他阶层的人也在受苦。

5. 在这种情况下，国家有可能陷入混乱，有可能遭受敌人的攻击。

增加货币将给我国带来以下好处：

1. 土地将得到改良，其价值将提高，地租将被如数缴纳，债务人可以按期如数还债,从而其人身和土地没有现在所面临的那种危险。

2. 货币所有者将能按期收回放出的款项,而且收回的货币所具有的价值要比白银或任何其他商品都可靠,从而经济没有陷入混乱的危险。

3. 贸易将蓬勃发展,经商的人将受到鼓励。

4. 其他阶层人民的经济状况将得到改善。

5. 国家将有能力维持国内秩序,有能力抵御外敌。

由此可见,现在的问题在于,是在丝毫不损害贸易的情况下尽最大可能改善我国的经济状况,还是像现在这样盼望着从其他国家获取白银。

我国享有的极为有利的条件是,现在就可以实施我的建议,从中得到好处,而其他国家纵然采纳我的建议,也要过几年才能实施。不过,为欧洲的普遍利益着想,我还是希望英格兰像我们一样,现在就能实施我的建议。

时间不允许我把自己的想法表达得有条不紊,对一些反对意见的答复,也不得不从略。但是,如果议会肯考虑我的建议,我相信这个建议会被很好地加以利用,发挥巨大的作用,对整个国家不会有任何损害,而且如果实施得当,对任何个人也不会有任何损害,而只能带来好处。

图书在版编目(CIP)数据

论货币和贸易:兼向国家供应货币的建议/(英)约翰·罗著;朱泱译.—北京:商务印书馆,2017
(汉译世界学术名著丛书:120年纪念版:珍藏本)
ISBN 978-7-100-14114-7

Ⅰ.①论… Ⅱ.①约… ②朱… Ⅲ.①货币理论 Ⅳ.①F820

中国版本图书馆CIP数据核字(2017)第138584号

汉译世界学术名著丛书
(120年纪念版·珍藏本)
论货币和贸易
兼向国家供应货币的建议
〔英〕约翰·罗 著
朱 泱 译

商 务 印 书 馆 出 版
(北京王府井大街36号 邮政编码100710)
商 务 印 书 馆 发 行
南京爱德印刷有限公司印刷
ISBN 978-7-100-14114-7

2017年12月第1版　　开本710×1000 1/16
2017年12月第1次印刷　　印张7
定价:48.00元